KB046190

이건희의 말

엮은이 민윤기

시인, 문화비평가, 저널리스트.

1966년 월간 '시문학'을 통해 등단한 후 55년째 현역 시인으로 시를 쓰고 있다. 초기에는 「전봉준」「만적」「김시습」 같은 시를 잇달아 발표해 '역사주의 시인'으로서 문단의 주목을 받았다. 베트남전쟁 종군 연작 시 「내가 가담하지 않은 전쟁」과 1974년 동학농민전쟁을 다룬 시집 『유민』을 출간할 무렵 '창작과 비평' '상황' '심상' 등을 통해 작품을 발표하다가 1970년 후반 군사정권 독재정치 상황으로 '시는 쓰되 발표하지 않은' 절필 상태로 20여 년간 신문 잡지 출판 편집자로 일하면서 여성지 편집장과 신문사 편집국장을 역임했다. 2011년 오세훈 시장 시절 수도권 지하철 시 관리용역을 맡은 것을 계기로 다시 시를 발표하기 시작하였다. '알기 쉬운 시' '독자와 소통하는 시'를 지향하는 '시의 대중화 운동'을 펼치기 위한 시인시민단체 서울시인협회 창립에 참여하였다. 시집 『꿈에서 삶으로』 『서서, 울고 싶은 날이 많다』 『홍콩』 등이 있고, 엮은 시집에 『박인환 전시집』 『노천명 전시집』 등과 문화비평서 『그래도 20세기는 좋았다』 『일본이 앞에서 뛰고 있다』 『이야기 청빈사상』 『소파 방정환 평전』 등이 있다. 현재 서울시인협회 회장, 시 전문지 월간 시 편집인이다.

이건희의 말 지행 33훈이 녹아 있는 천금의 어록

초판 1쇄 발행 2020년 11월 10일 **초판 9쇄 발행** 2022년 12월 20일
엮은이 민윤기 **펴낸이** 김상철 **발행처** 스타북스 **등록번호** 제300-2006-00104호
주소 서울시 종로구 종로 19 르메이에르종로타운 B동 920호
전화 02) 735-1312 **팩스** 02) 735-5501 **이메일** starbooks22@naver.com
ISBN 979-11-5795-565-7 03320

ⓒ 2022 Starbooks Inc. Printed in Seoul, Korea

• 잘못 만들어진 책은 본사나 구입하신 서점에서 교환하여 드립니다.
• 이 책은 저작권법에 의해 보호를 받는 저작물이므로 무단전재와 무단복제를 금합니다.

지행 33훈이 녹아 있는 천금의 어록

이건희의 말

민윤기 엮음

스타북스

저는 이 회장을 만나 몇 년 동안
로널드 레이건 전 미국 대통령과
미국 정·재계 인사들에게 소개할 영광을 가졌습니다.
모든 만남에서 그는 한미 동맹,
그리고 국제사회 속 한국의 역할에 대해
진정한 비전을 가진 사람이었습니다.
이 회장은 뛰어난 기업가이자
통찰력 있는 리더였습니다.

에드윈 퓰너
헤리티지재단 설립자

모든 것은 이건희의 말이
씨가 되고 열매가 되었다

대부분의 사람들은 이건희 회장의 말이라면 "마누라만 빼고 다 바꾸라"고 했다는 것만 기억하고 있다. 이 말의 앞뒤 사정은 잘 모른 채 삼성 임직원을 향해 들이댄 '명령'이었다고만 기억하고 있다. 그것도 마치 '어느 날' '갑자기' '불쑥' 말한 것처럼 알고 있는데 이것은 전혀 사실과 다르다.

이건희 회장이, 1987년 삼성 총수인 '회장'으로 취임한 이후 언론 인터뷰, 저서, 신년사 등 숱한 메시지를 발표했지만 그 어느 한 마디도 충동적으로 '갑자기' 말하지는 않았다. 말 한 마디라도 '갑자기'는커녕 심사숙고한 끝에 하였다. 어떤 문제든 그는 생각하고, 또 생각하고, 또, 또, 또 생각한 끝에 '작정'한 다음 말을 하는 사람이었다. 놀라운 점은 이야기할 내용을 A4용지에 적어놓거나 그것을 보고 말하지 않았다. 준비된 원고는 없었다. 오로지 자신이 심사숙고한 내용에 의지하였다. 놀라운 직관과 감을 통해 나온 말이었다. 그래서 그때마다 '신神의 한 수' 같은 위력을 보이곤 했던 것이다. 이는 2020년 현재 50여만 명의 임직원과 연 매출 400조 원의 삼성 그룹 총수 신분이라서가 아니라, 일본에서 유학하던 어린 시절부터 몸에 밴 습관이었다. 생각을 먼저 정리하고 나서야 할 말을 정할 만큼 그는 신중에 신중을 기울였던 것이다. 이런 점이 삼성 가家의 셋째 아들이면서도 '후계자'로 대권을 낙점 받을 수 있었던 가장 큰 힘이 되었을 것이다.

이건희의 생애 장면 중 그의 말이 가장 큰 위력을 발휘한 것은 역시 "마누라만 빼고 다 바꾸라"는 말로 유명해진, 1993년 독일 프랑크푸르트 캠핀스키 호텔에서 열렸던 '삼성 사장단 회의'의 발언이었다. MBC TV 방송 동영상으로도 남아 있는 이날 회의에서, 그는 삼성 사장들을 향해 억센 경상도 사투리로, 반말과 존댓말을 섞어가며, 명령을 하고, 설득도 하고, 협박에 가까운 격한 내용으로 열변을 토해 낡은 생각에 사로잡혀 잠자고 있던 사장들을 '한방에' 깨워 일으켜 세운 것이다. 그래서 삼성의 역사를 이야기할 때면 1993년 이전과 이후로 구분하는 경제평론가들이 많다.

이건희는 늘 미래를 말하고 있다. 그것도 1, 2년 후가 아니라 10년, 20년 후의 미래를 말하곤 했다. 1987년 삼성 회장 취임할 무렵의, 진공관 텔레비전 시절에 반도체를 이야기했고, 휴대전화가 상용되기 전부터 곧 휴대전화는 1인당 1대 소유 시대가 올 것이라며 이를 선점하자고 말했고, 아날로그 시대에는 결코 100년 기술의 일본을 따라잡을 수 없지만 디지털로는 앞서간다는 말을 해서 사람들을 '의아하게' 만들었다. 그러나 모두 그가 말한 대로 되었다.

디지털 시대의 중심에 있는 21세기를 이끈 인물로, 이건희 회장은 스티브 잡스와 자주 비교되곤 한다. 이는 변화와 개혁을 준비해 시장을 미리 예측하고 대응해야 한다는 두 사람의 생각과 말이 거의 궤軌를 같이하고 있기 때문이다. 그러나 이건희에게는 스티브 잡스도 가지지 못한 장점이 하나 더 있다. 그는 경영자들이 갖추어야 할 다섯 가지 덕목을 제시했는데, 이것을 본인이 실천한 점이다. 그는 평생 삼성 회장으로 봉직하면서 실제로 "알고(知), 행하고(行), 사람을 쓰고(用), 가르치고(訓), 평가(評)"하는 일을 게을리 하지 않았던 것이다.

삼성 이건희 회장이 타계한 이후, 그의 공적을 기리고, 그의 생애를 추모하고, 그의 경영능력을 재평가하는 많은 책들이 쏟아져 나올 것이다.

그런데 굳이 이건희 회장의 어록語錄과 자서전, 에세이집 등을 뒤져 이것을 '이건희의 말'이라는 제목으로 펴내는 이유가 있다. 삼성의 모든 경영전략과 개혁과 도전, 발전계획의 바탕에는 이건희의 말이 '씨'가 되었고 '열매'가 되었다고 보기 때문이다. 이 '말' 속에 바로 미래를 내다보는 천재적인 이건희의 순도 높은 '알맹이'가 있는 것이다. 이 가운데서 이 책을 읽는 분들이 삶의 지표로 정하거나 좌우명으로 삼을 만한 말을 하나 찾아내 준다면 하고 바라는 마음이다.

2020년 11월

이건희 회장의 영면을 기원하면서

엮은이

02 인재 기업

03 이건희 생각

04 미래 도전

05 삼성의 준비

06 나와 삼성

07 삼성 회장으로서의 메시지

08 이건희 어록+100

변화 개혁

남의 발목은
잡지 말아라

뛸 사람은 뛰어라.

바삐 걸을 사람은 걸어라.

말리지 않는다.

걷기 싫으면 놀아라. 안 내쫓는다.

그러나 남의 발목은 잡지 말고 가만히 있어라.

왜 앞으로 가려는 사람을 옆으로 돌려놓는가?

변화 개혁

회사에서만
일할 필요 없다

출근부 찍지 마라.

출근부를 없애라.

집이든 어디에서든 생각만 있으면 된다.

구태여 회사에서만 할 필요 없다.

6개월 밤을 새워서 일하다가 6개월 놀아도 좋다.

논다고 평가하면 안 된다.

놀아도 제대로 놀아라.

마누라와 자식 빼고
다 바꿔라

결국, 내가 변해야 한다.

바꾸려면 철저히 바꿔야 한다.

극단적으로 얘기해

마누라와 자식만 빼고

다 바꿔야 한다.

모두 사무실을 나가세요
명령입니다

과장에서 부장까지는

5시까지는 정리하고

모두 사무실을 나가세요.

이것은 명령입니다.

이건희의 말

위기의식으로
재무장하라

자만하지 말고
위기의식으로 재무장해야 한다.
실패가 두렵지 않은 도전과 혁신,
자율과 창의가 살아 숨 쉬는
창조경영을 완성해야 한다.

변화 개혁

한계를
돌파해야 한다

다시 한 번 바꿔야 한다.
변화의 주도권을 잡으려면
시장과 기술의 한계를 돌파해야 한다.

이건희의 말

이제부터 잘하겠다는
말은 하지 말아라

기회를 놓치고 나서
"우리가 이제부터는 잘해서
만회하겠습니다"는 말은 소용없다.
아무리 잘해서 만회가 되더라도
그건 당연한 것이지
만회가 아니라
기회 손실이다.

변하지 않으면
1류가 절대 될 수 없다

삼성이 잘 해 봐야

1.5류까지 갈 수 있을 것이다.

그러나 1류는 절대로 안 된다.

지금 변하지 않으면.

삼성은 자만하지 말고

위기의식으로 재무장해야 한다.

이건희의 말

불황을 체질강화의
디딤돌로 삼아라

바람이 강하게 불수록

연은 더 높게 뜰 수 있다.

지금 우리에게 필요한 것은

위기를 도약의 계기로

불황을 체질강화의 디딤돌로

삼을 수 있는

땀과 희생 그리고

용기와 지혜이다.

지금 안주하면
미래는 남의 몫이다

과거의 성공에 도취하고

현재의 편안함에만 안주한다면

정상의 자리는

남의 몫으로 넘어 갈 것이다.

이건희의 말

지난 성공은
잊어라

지난 성공은 잊고 새롭게 시작해야 한다.

도전하고 또 도전해

새로운 성장의 길을 개척하는 것이

우리에게 주어진 사명이다.

더 멀리 보면서 변화의 흐름을 앞서 읽고

삼성의 미래를 책임질

신사업을 찾아내야 한다.

시장은 넓고 기회는 열려 있다.

변화 개혁

시대에 맞지 않는 것은
과감하게 버려라

5년 전, 10년 전의 비즈니스 모델과 전략,

하드웨어적인 프로세스와 문화는

과감하게 버려라.

시대의 흐름에 맞지 않는

사고방식과 제도, 관행을 떨쳐내자.

한 치 앞을 내다보기 어려운 불확실성 속에서

변화의 주도권을 잡기 위해

시장과 기술의 한계를 돌파하라.

034

전문가 출신들이
삼성을 떠나도 좋다

모든 지역 전문가 출신들이

회사를 떠나도 좋다.

무조건 시행하라.

그 사람들이 삼성을 떠나면 어딜 가겠는가?

스스로 무역회사를 차리거나

다른 수출기업으로 갈 것 아닌가?

그럼 우리나라 전체에 좋은 것 아닌가.

삼성만 생각할 것 없다.

0.6초 안에
고객을 사로잡아라

제품이 소비자 마음을 사로잡는 시간은
평균 0.6초다.
이 짧은 순간에 고객을 사로잡지 못하면
경쟁기업과의 전쟁에서
절대 승리할 수 없다.

이건희의 말

실패는
많이 할수록 좋다

실패는 많이 할수록 좋다.

아무 일도 하지 않아 실패하지 않는 사람보다

무언가 해보려다 실패한 사람이

훨씬 유능하다.

이들이 기업과 나라에 자산이 된다.

돌다리는
두드리지 말고 그냥 건너라

돌다리를 두드려 보고 건너라지만

돌다리를 왜 두드려 보는가.

나는 나무다리라도

다리가 있으면 건너가라고 한다.

위험을 각오하고

선두에서 달려가야

기회를 선점할 수 있다.

이건희의 말

큰 기업이라고
무조건 이길 수 없다

군살이 많으면 격투에서 불리하다.

기업간의 경쟁도

크다고 이길 수 없다.

승패는 몸집의 크고 작음이 아니라

주변의 변화에

얼마나 빠르게 적응할 수 있도록

단련되어 있는가에 좌우된다.

변화 개혁

우선
저질러라

실패를 두려워하지 말고

일을 저질러 보라.

실패 경험만큼 귀중한 자산은 없다.

이건희의 말

소기업처럼
움직여라

대기업이면서도 소기업처럼 움직여야 한다.

작은 조직일수록

환경 적응이 빠르고 기동력이 높다.

우리나라 대기업들도 공룡화 되지 않으려면

조직을 쪼개서

자율화·분권화·현장화시켜야 한다.

속이 비어도
마디가 있으면 강하다

대나무는 속이 비어 있지만
마디가 있기 때문에 강하다.
개인이나 조직, 국가도
위기를 이겨내고
새로운 마디를 만들어 낼 때
더욱 발전한다.

이건희의 말

문제가 생기면
항상 원점으로 돌아가라

프로 골퍼는 슬럼프에 빠지면

골프채 잡는 법부터 새로 배운다.

모든 것은 근본을 찾아서 해결해야 한다.

문제가 생기면

항상 원점으로 돌아가서 처리해야 한다.

위기에 처하면
꼬리를 자를 줄도 알아야 한다

도마뱀은 위기에 처하면

꼬리를 잘라냄으로써

위기를 벗어난다.

우리도 과감하게

'도마뱀 꼬리 자르기'를 해야 한다.

044

이건희의 말

변화를 알고 받아들여야
미래의 승자가 된다

변화나 개혁은
하루아침에 이뤄지지 않는다.
미래의 승자와 패자는
누가 먼저 고정관념을 깨고
변화를 정확히 알고 받아들이느냐에
달려 있다.

조개껍데기를
과감히 깨뜨려라

바닷속의 조개는

주위가 조용하면

기어나와 활동하다가도

시끄러우면 껍데기를 꼭 닫고

움직이지 않는다는데

이런 자세는 발전의 걸림돌이다.

미래에는 무겁고 두꺼운 껍데기를 과감히 깨뜨리고

변화를 추구하는 사람만이 생존할 수 있다.

046

이건희의 말

제조국보다
브랜드가 중요하다

지금은 어느 나라에서 만드는가made in 는

의미가 없어진 반면

누가 만드는가made by 가

중요한 시대가 되었다.

물건만 파는 시대는
지났다

21세기는

단순히 물건을 파는 시대는 지났다.

이제는 물건뿐만이 아니라

이미지와 문화까지 팔아야 한다.

이건희의 말

거북이는 더 이상
미덕이 아니다

예전에는 거북이처럼,

비록 빠르지는 않지만

성실하게 현상을 개선해나가는 것을

미덕으로 여겨 왔다.

하지만 눈앞에 닥친 문제만 개선하는

점진적인 방법으로는

앞으로 경쟁에서 살아남기 어렵다.

우리가 경쟁해야 할 초일류기업들은

결코 잠자는 법이 없는 토끼이기 때문이다.

변화 개혁

일 저지르는 것을
무서워하지 말아라

부정한 일이 아니라면
얼마든지 일을 저질러라.
일 자체를 무서워해서는 안 된다.
꼭 해야 할 일이라면
빨리 뛰어들어 결론을 내려야 한다.

이건희의 말

뒤진 것을
인정하라

남에게 뒤진 것을 인정하고

분석해서 반성하는 것

이것은 당시에는 괴로운 일이지만,

좋은 공부가 되고

머지않아 자신과 회사를 살리는

피와 살이 된다.

변화 개혁

'왜?'라는 질문을
다섯 번쯤 하라

모든 사물을 겉만 보고

피상적으로 대해서는 의미가 없다.

사물의 본질을 파악하는 것이 중요하다.

'왜?'라는 질문을

다섯 번쯤 할 필요가 있다.

이건희의 말

농업적 근면성에서
벗어나야 한다

우리는 마음의 여유가 없다.
휴가를 노는 것으로 생각하는
농업적 근면성에서 벗어나야 한다.
재충전의 시간을 가져야
개인도, 조직도 활력을 유지할 수 있다.

일은 빨리
결단해야 한다

일이란 빨리 결단해야 한다.

5리五里를 걷는 동안

일을 결단할 수 있는 자는

왕이 될 수도 있는 자다.

9리九里를 걷는 동안

결단할 수 있는 자는

왕은 될 수 없지만

강한 자임에는 틀림이 없다.

이건희의 말

파벌은 절대
만들면 안 된다

절대로 파벌 만들면 안 돼.

하나회 같은 거 보라고.

사람은 주기가 있어서 잘될 때가 있고

안 될 때가 있는 거야.

실수하면 바로 바꿔 버리고 그러면

사람이 클 수가 있나.

인간은 일 년에 석 달 이상을 꽃피지 못해.

변화 개혁

21세기에는
의료산업이 꽃핀다

의료산업은 21세기에 꽃이 필 거야.

생산으로 돈을 버는 건

반도체가 마지막일 거야.

미래를 보지 않고는

크게 돈 벌 수 있는 게 없어.

특히 길게 보고 준비해야 할 건 제약 산업이지.

일단 해외 특허부터 확보하고

세계적 제약회사를 사는 것도 생각해 봐.

이건희의 말

성공한 변화들의
공통점 3가지

성공을 거두었던

수많은 변화들의 공통점은 세 가지다.

첫째, 모든 변화는

'나부터' 시작해야 한다는 것이다.

둘째, 변화의 방향을

하나로 모으는 것이 중요하다.

마지막으로

한꺼번에 모든 변화를 이루려고

기대해서는 안 된다.

변하지 않으면
살아남지 못한다

변하지 않으면 살아남지 못하는 시대다.

남이 먼저 변하기를 기다리고 있으면

변화는 없다.

미국과 일본에서 회의를 갖고

그 나라를 둘러보면서,

'국가도 기업도 개인도

변하지 않으면 살아남지 못한다'는 결론을 얻었다.

그러기 위해 우선

회장인 나부터 변해야겠다고 결심했다.

이건희의 말

한 발만
앞서라

한 발만 앞서라.
모든 승부는
한 발자국 차이다.

변화 개혁

인재 기업

063

경영자는
자기 일의 반 이상을
인재를 찾고
인재를 키우는 데
쏟아야 한다.

인재를 찾고 키우는 데
일의 절반을 바쳐라

기업은 곧 사람이다.

기업이 필요로 하는 사람[適材]을 키워,

필요한 때[適時]에,

필요한 곳[適所]에 쓰는 일이야말로

기업 경영자가 해야 할 일이다.

기업은
곧 사람이다

065

예스맨은 문제를 숨기고
본질에 대해서는 모르거나
알아도 말하지 않는다.
당당하게 주장을 펴는 소신파는
고집이 세서 타협은 어렵지만
어려울 때 힘이 된다.

예스맨과
소신파

빛나는 성공 뒤에는

항상 주목 받지 못하는 그늘에서

자신의 역할을 묵묵히 수행하는 포수 같은 사람이 있다.

잘하는 사람만 좋게 평가하지 말고,

평소에 동료를 많이 도와주거나

뒤에서 열심히 도와주는 사람도 좋게 평가해야 한다.

포수 같은 사람들이 많아지려면,

자기 일보다 동료 일을 먼저 도와주면서

묵묵히 일하는 사람이

올바른 평가를 받을 수 있어야 한다.

빛나는 성공 뒤에는
항상 포수 같은 사람이 있다

나는 삼성의 경영자들에게

신상필벌信賞必罰이 아닌

신상필상信賞必賞할 것을 주문한다.

어떤 일을 잘못했다고 해서

벌을 주어서는 안 된다.

일을 잘못한다는 것은

죄가 아니기 때문이다.

일을 잘못하는 것은
죄가 아니다

회장이나 사원이나 기본권은 똑같다.

능력에 따라 대우가 다를 뿐이다.

직위나 계급은 조직을 움직이기 위해서 있는 것이지

뻐기고 권위를 내세우는 자리가 아니다.

지금 우리 사회에서는

이런 권위주의가 아니라 '권위'가 필요하다.

진정한 권위란

누구도 넘볼 수 없는 학식과 능력을 갖추고 있으면서도

남의 인권을 존중하고 겸손할 줄 아는 데서 생겨난다.

권위주의가 아니라
'권위'가 필요하다

069

5%의 사람은
리더가 하는 말만 들어도 믿는다.
그러나 95%의 사람은
실제 행동을 봐야 믿는다.
리더가 솔선수범해야
조직원이 따르고
그 조직에 생기가 돈다.

리더가 솔선수범해야
조직원이 따른다

나는 삼성의 직원들에게
'업業의 개념'에 대해 자주 이야기한다.
자기가 하는 일의 본질이 무엇인지를
깊이 생각해 봐야 한다.
손을 들어 달을 가리키며
달을 보라고 외치는데
달은 보지 않고
손만 쳐다보면 어찌 되겠는가?

손을 들어 달을 가리키는데
손만 쳐다보면 어찌 되겠는가?

경영이 무어냐고 묻는 사람들에게
"보이지 않는 것을 보는 것"이라고 대답한다.
경영이든 일상이든 문제가 생기면
"왜"라는 질문을 다섯 번 정도는 던지고
그 원인을 분석한 후
대화로 풀어야 한다.

경영이란
보이지 않는 것을 보는 것이다

입체적 사고는

다양한 사고와 많은 경험, 새로운 발상,

스스로 고민하는 과정에서 나온다.

불교에서 말하는

'깨친다'라는 개념과

비슷하다고 생각한다.

입체적 사고란
'깨친다'라는 개념과 비슷하다

보잉 747이 활주로를 달려 공중으로 뜨게 되면
불과 몇 분 안에 1만 미터까지 올라가야 한다.
만약 이 시간에 올라가지 못하거나
중간에서 멈추게 되면
추락하거나 공중 폭발한다.
삼성의 신경영도 한번 시작한 이상
방향을 바꿀 수도,
속도를 늦출 수도 없다.

한번 시작한 이상
바꿀 수도 늦출 수도 없다

경영자는 자기 일의 반 이상을

인재를 찾고 인재를 키우는 데 쏟아야 한다.

아무리 우수한 사람도

엉뚱한 곳에 쓰면 능력이 퇴화한다.

그리고 일을 맡겼으면

거기에 맞는 권한을 주고

참고 기다려야 한다.

일을 맡겼으면
권한을 주고 기다려야 한다

사람이 자기를 알기는
몹시 어려운 일이지만
자신을 알지 못하고는
결코 발전할 수 없다.
자신과 주변을 비교해서
위기의식을 갖는 것이
성공의 첫걸음이다.

자신을 알지 못하고는
결코 발전할 수 없다

자신의 강약점을 냉정하게 파악해서

약점을 버리고 강점에 역량을 집중시켜야 한다.

잘 버리고 집중하는 것,

이것이 미래가 요구하는 지혜이고 경영의 요체이다.

많은 사업 가운데 우리가 꼭 해야 할 사업은

어떤 장애가 있어도 반드시 추진해야 한다.

그것이 기업인의 역할이다.

그러나 해서는 안 되는 사업,

하지 않아도 좋은 사업은

포기할 줄 아는 결단과 용기도 있어야 한다.

포기할 줄 아는
결단과 용기도 있어야 한다

국제화에 적응하려면
현지인과 골프도 쳐야 하고 술도 마셔야 하고
식사 초대를 하거나 초대에 응하기도 해야 한다.
사소한 에티켓을 소홀히 해서
중요한 상담을 망칠 수도 있다.
국제인으로서 교양과 품위를 유지하려면
우리 문화에 대한 자긍심과 함께
다른 문화에 대해서도
열린 마음을 가져야 한다.

다른 문화에 대해서도
열려 있어야 한다

파이를 독점하는 이기주의는

일시적으로는 득을 보는 것 같으나

장기적으로는 모든 것을 잃는다.

협력해서 파이를 더 키워 나누는

상생의 지혜가 필요하다.

독점하는 것은
장기적으로 모든 것을 잃는 일이다

최선을 다하는 정신,

정정당당한 페어플레이,

규칙과 에티켓을 존중하는

스포츠 정신이야말로

우리 사회에 필요한 덕목이자

가치라고 생각한다.

스포츠 정신이
필요하다

신바람은

인간적으로 대우해서

이 회사, 이 조직이 내 것이다

하는 생각이 들어야

절로 나는 것이다.

신바람은
절로 나지 않는다

지금은 먹고 사는 것은 어렵지 않다.
가장의 역할을 충실히 하고
가족들과 자주 대화하자.
삶의 질을 높이려면
가정과 직장, 사회 간
조화를 꾀하는 것이 중요하다.

가정과 직장, 사회 간
조화를 꾀해야 한다

선진국 지표 중의 하나가 식목이다.
나무를 심는 것은
자기 자식, 손자대까지도
수확이 안 되는 것이다.
당대에 본전을 뽑으려고 하니
좋은 나무가 없는 것이다.

나무를 심고 본전 생각을 하니
좋은 나무가 없는 것이다

083

질을 높이면 양이 줄어드는 것이 아니다.

단기적으로는 그럴지 모르지만

질이 좋으면 고객이 그 물건을 찾게 되고,

결국 양도 는다.

이것이 질과 양의 선순환 관계다.

질이 좋으면
결국 양도 는다

개성시대, 창조 시대에는

끼 있고 개성이 강한 사람을 모으고,

그들의 신바람과 기를 살려서

독특한 발상을 하도록 해야 한다.

개성이 강한 사람이 있으면
기를 살려 줘야 한다

실제로 모든 스포츠에서
수비는 기본에 해당하지만
승부를 결정짓는 것은 공격이다.
세계 축구의 최강은 의심할 여지없이
공격 축구의 대명사 브라질이다.
메이저리그 야구의 연봉 순위를 보아도
상위권은 모두 강타자들이 차지하고 있다.
투수의 비중이 아무리 크다고 해도
승부를 결정짓는 것은 타자라는 얘기다.

승부를 결정짓는 것은
수비가 아니라 공격이다

사전 준비 부족, 안이한 생각, 경솔한 행동이
실패의 3요소라고 할 수 있다.
실패는 그대로 방치해 두면 독이 되지만
원인을 철저히 분석하고 교훈을 찾아내면
오히려 최고의 보약이 된다.

실패의
3요소

근거 없는 두려움과 이기주의 때문에
현실성이 없다는 이유만으로
건전한 제안과 건의를 무시해서는 안 된다.
하찮은 아이디어에서도
일석오조의 결실이 나오는 법이다.

하찮은 아이디어라도
무시해서는 안 된다

골프는 심판이 없는 유일한 스포츠로서
자율과 에티켓을 가장 중시한다.
세계적으로 유명한 미국의 PGA골프 대회에서
어느 중견 골퍼가 뛰어난 성적으로
라운딩을 마치는 순간
골프장은 이 우승자에게 보내는
갤러리들의 환호로 가득했다.
그러나 기록실로 간 그 골퍼는
아무도 몰랐던 자신의 부정행위를 스스로 신고했다.
당연히 그의 우승은 무효가 되었다.

골프는 심판이 없는
유일한 스포츠

엄청난 상금과 우승의 영광을
뒤에 두고 떠나는 그에게
사람들은 우승자에게 보내는 것보다
더 뜨거운 박수를 보냈다.
그는 비겁한 우승보다
양심과 룰에 따라
떳떳한 패배를 선택함으로써
자존심과 명예를 지켰다.

미국에서 조사한

각국 14세 아동의 수학數學 능력을 보면

선진국이라는 미국이 225점,

영국이 260점인데 비해

우리나라는 무려 318점에 이른다.

이것만 봐도 우리는 충분히

일류 국가가 될 가능성이 높다.

그런데 우리 사회는 이런 능력과 자질을

규제와 획일로 묶어 놓고 있다.

규제와 획일은 타율과 타성을 가져오고

결국 인간의 창의성과 자발성을 막는다.

규제와 획일은
타율과 타성을 불러온다

이건희 생각

내일을 생각하는
여유를 갖춰라

우리 기업은
오늘의 문제를 해결하기에 급급하다.
마치 동양화의 여백처럼 넉넉하게
내일을 생각하는 여유를 갖춘 기업이
진정한 일류다.

이건희 생각

잘할 수 있는 것을 찾아
차별성을 키우는 게 중요하다

어느 기업도 모든 것을 다 잘할 수는 없다.

절대 경쟁력을 갖추기는 거의 불가능하다.

경쟁사에 비해 내가 잘할 수 있는 것이

무엇인지를 찾아

상대 경쟁력, 차별화되는 힘을

키우는 것이 중요하다.

이건희의 말

기업인은 날마다
고객의 심판을 받는다

정치인은 투표를 통해 심판을 받지만,

기업인은 시장에서 매일매일 끊임없이

고객에게 심판을 받는다.

이건희 생각

앞을 내다보고 준비하는
기회 선점형이 돼야 한다

5년 내지 10년 앞을 내다보고 시나리오를 짜서
모든 것을 준비하는 기회 선점형이 되지 않으면,
존재는 하지만 이익은 내지 못하는
기업으로 전락하고 만다.

이건희의 말

답이
하나일 수는 없다

복잡한 세상에 답이 하나일 수는 없다.

다양성을 수용하는 가치관을 갖고

모순을 조화시키는

한 차원 높은 경영이 필요하다.

이건희 생각

앞으로는
두뇌가 경쟁력이다

앞으로는 두뇌가 경쟁력이다.

국제 경쟁력을 갖춘 인재 한 명은

사업부 하나와 맞먹는다.

인재 육성에 시간과 비용을 아끼지 말아야 한다.

이건희의 말

학연이나 지연에 얽매이면
조직은 붕괴된다

학연이나 지연에 얽매여 파벌을 조성하면
그 조직은 붕괴된다.
소수의 독선적 의견만 받아들이고
다수의 건전한 의견이 배척되고
현장의 생생한 아이디어가
싹을 틔워 보지도 못하고 죽고 만다.

이건희 생각

자율이 없는 조직은
죽은 조직이다

자율이 없는 조직은 죽은 조직이다.

한편 각자가 권한에 맞는 책임을 질 수 있어야

그 조직이 발전한다.

100

이건희의 말

1+1이 2라면
굳이 조직이 필요 없다

기업경영은 1+1＝2가 아니라

최소한 5는 되어야 한다.

둘을 더한 결과가 둘로만 나온다면

굳이 조직이 있을 필요가 없다.

이건희 생각

업의 특성을 찾아
역량을 집중해야 한다

사업은 저마다 독특한 본질과 특성이 있다.

따라서 핵심 성공요인과 경영의 맥도 다르다.

업의 특성을 찾아 역량을 집중하는 것이

전략 경영의 요체다.

102

지혜는
배워서 얻을 수 없다

아는 데에는
지식과 상식, 지혜가 있다.
지식과 상식은 배워서 얻을 수 있지만,
지혜는 깨달음을 통해서만 얻을 수 있다.

이건희 생각

작은 성공이 계속되는 것은
달갑지 않다

나는 작은 성공의 누적을 그다지 반기지 않는다.

작은 성공으로 자만심에 빠져

더 큰 실패를 가져오는 경우를 많이 보아 왔고,

작은 성공에 만족하는 평범한 사람보다

실패를 두려워하지 않는 도전적 인물이

조직을 살찌울 수 있다고 믿기 때문이다.

이건희의 말

실패의 씨앗은
시작 단계부터 잉태되어 있다

실패의 원인을 꼼꼼히 살펴보면

피할 수 있었던 경우가 의외로 많다.

될 성 부른 나무는 떡잎부터 알아본다는데,

될 성 부르지 않은 일 역시

시작하는 단계부터

실패의 씨앗을 잉태하고 있다.

이건희 생각

일을 잘못했다고
벌을 주어서는 안 된다

사회에서나 기업에서나 어떤 일을 잘했을 때 상을 준다.

잘하는 사람은 격려를 받으면 더 잘하기 때문이다.

따라서 나는 가능한 한 벌 주는 것을 피하려고 한다.

특별히 '저 사람을 키우려면 자극이 필요하겠다.'

하는 경우가 아니면 질책하는 것도 삼가고 있다.

사람은 누구나 벌을 받으면

사고와 행동이 오그라든다고 생각하기 때문이다.

이건희의 말

돈을 버는 것은
사람이다

기업은 사람이다.

기업은 문자 그대로 업을 기획企劃하는 것이다.

세상 사람들은 사람이 기업을 경영한다는

이 소박한 원리를 잊고 있는 것 같다.

돈이 돈을 버는 것 같지만

돈을 버는 것은 돈이나 권력이 아니라 사람인 것이다.

나는 내 일생을 통해서 80%는

인재를 모으고 기르고 육성시키는 데 시간을 보냈다.

삼성이 발전한 것도

유능한 인재를 많이 기용한 결과인 것이다.

떫은 감도 정성스레 말리면
단감이 된다

수장선고水長船高라는 말이 있다.

물이 들고 파도가 거칠어지면 위험하기도 하지만

그 대신 배는 그만큼 올라앉는다.

떫은 감도 정성스레 잘만 말리면 단감이 된다.

그러나 급히 서두르거나 정성을 들이지 않으면

감은 달게 되지 않는다.

떫은 감을 달게 만들기 위해서는

꾸준한 노력이 필요한 것이다.

이건희의 말

두뇌전쟁의 시대에는
인재가 경쟁력을 좌우한다

총칼이 아닌

사람의 머리로 싸우는 두뇌전쟁의 시대에는

결국 뛰어난 인재, 창조적인 인재가

국가 경쟁력을 좌우하게 된다.

천재와 우수 인재를 많이 보유한 국가나 기업이

경쟁에서 이기게 되는 게

나의 신념이다.

이건희 생각

사람에 대한
공부

나는 사람에 대한 공부를

제일 열심히 한다.

이건희의 말

세 사람이 함께 가면
그 중에 자기 스승이 있다

세 사람이 함께 가면
그 중에 반드시 자기 스승이 있다는 말이 있다.
뛰어난 사람에게서 장점을 배우고,
잘못된 사람에게서는
타산지석의 교훈을 얻을 수 있는 사람이
차세대를 이끌어갈 것이다.

이건희 생각

핵이 되는 사람이 있고
점이 되는 사람이 있다

똑같이 회사생활을 하면서도

어떤 사람은 회사가 꼭 필요로 하는 핵이 되는가 하면,

어떤 사람은 많은 사원 중의 하나,

즉 점이 되는 경우를 자주 보았다.

똑같이 주어진 환경에서

어떻게 이런 일이 가능할까?

핵이 되는 사람은 어떤 경우에도

'나라면 어떻게 할 것인가?'를 생각한다.

누구의 지시를 받기 전에 먼저 일을 찾아서 한다.

눈가림이나 생색을 내기 위해서 하는 일이 아닌 만큼,

112

문제의 본질을 파헤치고 기본에 충실하면서

자기 책임을 다한다.

주인의식을 갖고 일하니 자율과 창의도 넘친다.

그러니 핵이 될 수밖에 없다.

반대로 이것이 '내 일'이라는 주인의식이나

'왜'라는 문제의식도 없이

시키면 시키는 대로 일하는 사람은

점 이외에 무엇이 되겠는가?

이건희 생각

손에 쥔 것을 포기하지 않는 대가는
치명적이다

외국의 한 TV 방송에서

재미있는 프로그램을 본 적이 있다.

남부 인도에서 코코넛을 이용해

원숭이를 산 채로 잡는 내용의 다큐멘터리였다.

코코넛 껍데기에 원숭이 손이 들어갈 만한 구멍을

뚫어서 속을 모두 긁어낸 다음,

그 속에 쌀을 조금 집어넣고 끈을 연결해

말뚝에 단단히 매둔다.

이 코코넛을 발견한 원숭이는 냉큼 다가와

구멍 속으로 손을 넣어 쌀을 한 움큼 집는다.

그때 숨어 있던 사람이 다가가면
원숭이는 손을 빼고 달아나려 기를 쓴다.
하지만 쌀을 잔뜩 쥔 손을 빼내지 못해
결국 사람에게 잡히고 만다.
쌀을 포기하지 않은 대가가
이렇게 치명적인 것이다.

이건희 생각

리더는
어떠해야 하는가

리더란 알아야 하고,

행동해야 하며,

시킬 줄 알아야 하고,

가르칠 수 있어야 하며,

사람과 일을 평가할 수 있어야 한다.

116

기업의 정글은
시장이다

기업의 정글은 시장이다.
시장에서는 영원한 강자도 패자도 없다.
시장의 법칙에 적응하지 못하면
살아남을 수 없다.

이건희 생각

우리보다 못한 기업에서도
배울 게 있다

복사기의 대명사로 군림하던 미국의 제록스는

캐논이라는 후발 경쟁자 때문에

위기를 맞은 적이 있다.

결국 제록스는 세계 최고라는 자만심을 버리고

캐논에 찾아가 원가를 낮추고도 세계적 품질을

유지할 수 있는 비결을 배우게 된다.

제록스 같은 초일류기업도

후발업체한테 배우는데

우리라고 못할 이유는 없다.

우리보다도 못한 기업에서도

배울 게 있는 것이다.

이건희의 말

사과를 키우기만 해서는
부족하다

인재를 키우는 것만으로는 안 된다.

사과나무를 심어야 한다.

이건희 생각

남자 홀로 분투하는 것은
국가적 낭비다

다른 나라는 남자 여자가 합쳐서 뛰고 있는데,

우리는 남자 홀로 분투하고 있는 것이다.

마치 바퀴 하나는 바람이 빠진 채로

자전거 경주를 하는 셈이다.

이는 실로 인적 자원의 국가적 낭비라고

아니 할 수 없다.

이건희의 말

기업도 여성에게
취업 문호를 활짝 열어야 한다

저렴한 비용으로 이용할 수 있는

탁아소나 유치원 시설을 많이 제공함으로써

여성이 사회생활을 하는데 따르는

경제적 부담을 줄여 줘야 한다.

기업도 여성에게 취업 문호를 활짝 열고

취업 활동을 지원하는

인프라를 구비해 줘야 한다.

이건희 생각

여자라는 이유로 불이익을 주는 것은
기업에겐 기회 손실이다

여자라는 이유로

채용이나 승진에서 불이익을 준다면

이에 따라 당사자가 겪게 될 좌절감은 차치하고라도

기업과 나라의 기회 손실은

무엇으로 보상할 것인가?

이건희의 말

노인과 아이를 중요시하지 않으면 망하게 돼 있다

임직원 의식주, 건강, 자식교육,

이런 걸 회사의 영역으로 갖고 와야 돼.

희망이 있어야 되고

자식이 잘 자라줘야 되고

부모가 편안해야 되지.

노인과 아이들을 중요시하지 않는 나라는

망하게 돼 있어.

젊은 사람들이 전부 도망가 버린다고.

내가 사업이나 공장을 할 때마다

노인정, 탁아소 만들라는 게 그 얘기야.

123

미래 도전

초음속을 돌파할 때는
재료부터 엔진까지 전부 바꿔야 한다.
2008년까지 엔진 바디의 재료를 바꾸고
파일럿부터 직원 훈련시키는 태도까지
전부 변화시켜야 한다.
휴대폰 공장이 창조적 초일류 현장이 될 수 있도록
전면적으로 개편하겠다.

초음속을 돌파할 때는
재료부터 엔진까지 전부 바꿔야 한다

한 가지를 천 번 하면

박사가 된다.

정보가 상식이 되고,

상식이 모여 지식이 되며

결국 지혜로 통한다.

이런 식으로 전무까지 쭉 올라오면

이것이 진정 평생직장이라는 사실을 깨닫게 될 거다.

이것은 이 세상에는 아직 없는

월급쟁이 천국을 만들어 보겠다는

새로운 도전이다.

한 가지를 천 번 하면
박사가 된다

이삼 백 년 전에는 10만~20만 명이

군주와 왕족을 먹여 살렸지만,

21세기는 탁월한 한 명의 천재가

10만~20만 명의

직원을 먹여 살린다.

탁월한 한 명의 천재가
전 직원을 먹여 살린다

한 손을 묶고 24시간 살아 봐라.

고통스러울 것이다.

그러나 극복해 보라.

나는 해 봤다.

이것이 습관이 되고 쾌감을 느끼고

승리감을 얻게 되면

그때 바뀐다는 것을 알게 될 것이다.

한 손을 묶고
24시간 살아 봐라

나는 회사 직원들과 해외 출장을 갈 때마다

사람들이 많은 거리를 걸으면서

그곳의 유명 상점들을 둘러본다.

거기서 나는 물건을 사는 것이 아니라,

상품의 진열 상태, 시선을 끄는 독특한 조명,

그리고 점원들이 고객을 대하는 자세들을 관찰한다.

즉 그 상점의 무형 자산을 살펴보는 것이다.

해외 출장을 갈 때마다
그곳의 유명 상점들을 둘러본다

영화를 여러 각도에서 보면

작은 세계를 만나게 된다.

그것이 습관으로 굳어지면

입체적으로 생각하는 '사고의 틀'이 만들어진다.

일할 때도 새로운 차원에 눈을 뜨게 된다

영화를 여러 각도에서
보면 작은 세계를 만나게 된다

스포츠를 통해
우리가 얻을 수 있는 또 하나의 교훈은
어떤 승리에도 결코 우연이 없다는 사실이다.
천재적인 재능을 타고난 선수라도
노력 없이 승리할 수 없다.
모든 승리는 오랜 세월
선수·코치·감독이 삼위일체가 돼
묵묵히 흘린 땀방울의 결실이다.

천재적 재능을 타고난 선수라도
노력 없이는 승리할 수 없다

앞으로, 세상은 디자인이 제일 중요해진다.

개성화로 간다.

자기 개성의 상품화, 디자인화, 인간공학을 개발해서

성능이고 질이고는

이제 생산기술이 다 비슷해진다.

앞으로 개성을 어떻게 하느냐

디자인을 어떻게 하느냐가 승부처이다.

앞으로
세상은 디자인이 제일 중요해진다

21세기는 문화의 시대이자
지적 자산이 기업의 가치를 결정짓는 시대이다.
기업도 단순히 제품을 파는 시대를 지나
기업의 철학과 문화를 팔아야만 하는
시대라는 뜻이다.
디자인과 같은 소프트한 창의력이
기업의 소중한 자산이자
21세기 기업경영의 최후의 승부처가 될 것이라고
확신하고 있다.

21세기는 문화의 시대이자
지적 자산이 기업의 가치를 결정한다

136

반도체·자동차·철강·전자·중화학,

이거를 탄탄하게 해놓지 않으면

후대에서 원망을 들을 수도 있어.

지금 제1, 제2이동통신 나오는데

앞으로 제4, 제5이동통신 시대로 갈 거야.

지금 탄탄하게 해놓지 않으면
후대의 원망을 들을 수도 있다

미래는 준비된 자의 몫이다.
미래를 위한 확실한 투자는 인재 육성이다.
우수한 인재를 뽑고
각자의 능력을 마음껏 발휘할 수 있도록
분위기를 만들어 줘야 한다.
경영자는 또한
적어도 4, 5년 후의 일에 대해서는
감각적으로 느낄 수 있어야 한다.

미래는
준비된 자의 몫이다

앞으로 얇은 브라운관 TV가

벽에 붙는 시대가 올 것이다.

앞으로 TV가
벽에 붙는 시대가 올 것이다

눈에 보이는 것만 상품이 아니다.
서비스도 기술도 상품이다.
정보가 상품이고 소프트가 상품이며,
눈에 보이지 않을수록
그 가치는 더욱 커진다.

눈에 보이는 것만
상품이 아니다

21세기에는

대량 생산력의 기술 차이가 사라진다.

중요한 것은 고객의 개성을

어떻게 생산에 빠르게 반영하는가이다.

21세기에는
대량 생산력의 기술 차이가 사라진다

이 건 희 의 말

05

삼성의 준비

삼성은 자칫 잘못하면
암 말기에 들어갈 가능성이 있다

불량은 암이다.

삼성은 자칫 잘못하면

암의 말기에 들어갈 가능성이 있다.

생산 현장에 나사가 굴러다녀도

줍는 사람이 없는 조직이 삼성전자이고,

3만 명이 만들고 6천 명이 고치러 다니는

비효율, 낭비적인 집단인

무감각한 회사다.

143

지금이 진짜 위기다
삼성도 언제 어떻게 될지 모른다

지금이 진짜 위기다.

글로벌 일류기업이 무너지고 있다.

삼성도 언제 어떻게 될지 모른다.

앞으로 10년 내에

삼성을 대표하는 사업과 제품은

대부분 사라질 것이다.

다시 시작해야 한다.

머뭇거릴 시간이 없다.

이건희의 말

브랜드 가치를 높이는 일이라면
누구와도 손을 잡을 수 있어야 한다

삼성 브랜드 가치를 높이고

인류의 삶을 풍요롭게 하는 일이라면,

누구와도 손을 잡을 수 있어야 하고

모자라는 부분은

기꺼이 협력하는 결단과 용기가 필요하다.

품질에
신경을 써라

휴대폰 품질에 신경을 써라.

고객이 두렵지 않습니까?

이건희의 말

국민 모두가 무선 단말기를
가지는 시대가 온다

반드시 한 명당 한 대의 무선 단말기를

가지는 시대가 온다.

삼성을 세계적인 초일류 기업으로 성장시킬 것이다

삼성은 이미 한 개인이나 가족의 차원을 넘어
국민적 기업이 되었다.
삼성이 지금까지 쌓아 온 훌륭한 전통과
창업주의 유지를 계승하여
이를 더욱 발전시켜 나갈 것이며
미래 지향적이고 도전적인 경영을 통해
삼성을 세계적인 초일류 기업으로
성장시킬 것이다.

이건희의 말

인재에게는 최선의 인간관계와
최고의 능률이 보장되도록 하겠다

첨단 기술산업 분야를 더욱 넓히고

해외사업의 활성화로

그룹의 국제화를 가속시킬 것이며,

국가와 사회가 필요로 하는 인재를 교육시키며

그들에게 최선의 인간관계와

최고의 능률이 보장되도록 하겠다.

149

찬란한 영광이 돌아오도록
힘차게 전진하자

지금 사회가 우리에게 기대하고 있는 이상으로

봉사와 헌신을 적극 전개할 것입니다.

새로 출범하는 삼성의 제2창업에

찬란한 영광이 돌아오도록

힘차게 전진하자.

150

지난 반세기의 발자취를 거울로 삼아
삼성의 위대한 내일을 설계하자

우리나라는 선진국과

공존공영의 협력관계를 유지하면서

어깨를 겨루게 되었고,

이런 놀라운 성장에

삼성이 중추적 역할을 했다는 사실에

크나큰 긍지와 자부심을 갖는다.

지난 반세기의 발자취를 거울로 삼아

삼성의 위대한 내일을 설계하자.

삼성의 협력업체도
삼성가족이다

삼성의 협력업체도

바로 삼성가족이다.

협력업체는 우리와 같은 배를 타고 있는

신경영의 동반자이다.

협력업체의 질적 수준이

세계일류로 올라갈 때

비로소 우리가 목표로 하는

세계일류가 달성될 수 있을 것이다.

21세기 준비에 주어진 시간은 3년뿐이다

지난 10년 동안 세기말적 변화에 대한
기대와 위기감으로 잠 못 이루는 밤이 많았다.
이제 21세기를 준비하기 위해
우리에게 주어진 시간은 불과 3년뿐이다.
시간은 흘러가고 남들은 뛰고 있는데,
우리는 '외부환경의 위기', '내부혁신의 위기',
'시간의 위기'를 한꺼번에 해결해야 하는
무거운 짐을 안고 있다.
우리가 정신을 똑바로 차리지 않으면
삼성은 물론, 나라마저
2류, 3류로 떨어질 수밖에 없는 절박한 순간이다.

153

더 이상 재래식 모방과
헝그리 정신만으로는 해낼 수 없다

지난 30년 동안 하면 된다는 '헝그리 정신'과

남을 뒤쫓아가는 '모방정신'으로

세계가 부러워하는 경제성장의 기적을 만들어냈다.

그러나 이제 더 이상 재래식 모방과

헝그리 정신만으로는

새로운 시대를 이끌어 갈 수 없게 되었다.

154

이건희의 말

자율적이고도 창의적인
주인의식이 있어야 한다

이제는 자율적이고도 창의적인

주인의식이 있어야 한다.

스스로 신바람이 나서 정열적으로 일하고

그 속에서 자아실현이라는 기쁨도 얻을 수 있어야 한다.

이런 의미에서 자율과 창의가

21세기 우리 사회를 이끌어 가는

새로운 '발전의 원동력'이자

'정신적 추진력'이 될 것이라고 굳게 믿고 있다.

인간의 지적 창의력이
부의 크기와 기업 경쟁력을 좌우한다

21세기 정보화 사회에서는 인간의 지적 창의력이

부의 크기와 기업의 경쟁력을 좌우한다.

하드적인 제품의 성능이나 품질은

시간이 지나면서 점차 평준화되기 때문에

더 이상 차별적인 경쟁무기가 될 수 없다.

지금부터라도 10년 앞을 내다보면서

세계 표준이 될 수 있는 기술개발과

무형자산을 확대하는 데

그룹의 경영력을 집중해 나가야겠다.

이건희의 말

건강한 공동체를 만들어 가는 것은
선도기업인 삼성의 책임이다

삼성은 사회와 함께 하는 기업시민으로서

더불어 사는 상생의 기업상을 구현해야 한다.

소외된 이웃에 눈을 돌리고

따뜻한 정情과 믿음이 흐르는

건강한 공동체를 만들어 가는 것은

선도기업인 삼성의 책임이다.

사회의 사랑과 격려를 받는
기업이 되어야 한다

주주, 고객, 국민 어느 누구에게도

떳떳하고 당당한 바른 경영,

믿음을 주는 경영을 실천함으로써

시장의 신뢰를 얻고,

사회의 사랑과 격려를 받는

기업이 되어야 한다.

이건희의 말

앞으로 5년에서 10년 후
무엇으로 먹고 살 것인가

앞으로 5년에서 10년 후

무엇으로 먹고 살 것인가를 생각하면

등에서 식은땀이 난다.

이익이 줄어들더라도
사회에 이바지해야 한다

이익이 줄어드는 한이 있더라도
사회에 이바지할 수 있는 일들을
해 나가는 게 무엇보다 중요하다.

160

이건희의 말

확보한 핵심 인재를 성장시키는 데
얼마나 노력하고 있는가

핵심 인재를 몇 명이나 뽑았고,

이를 뽑기 위해 사장이 얼마나 챙기고 있으며,

확보한 핵심 인재를 성장시키는 데

얼마나 노력하고 있는지를

사장 평가 항목에 반영하겠다.

신경영을 안 했으면
삼성은 2류, 3류로 전락했을 것이다

신경영을 안 했으면
삼성이 2류, 3류로 전락했거나
망했을지도 모른다는 생각에
등골이 오싹하다.
신경영의 성과를
어려운 국가 경제위기 극복과
국민 생활에 도움이 되도록
확산시켜 나가자.

이건희의 말

일류 진입의 실패는
경제식민지가 될 수 있다

신경영은 세기말적 상황에서
경제전쟁에서의 패배, 일류 진입의 실패는
경제식민지가 될 수 있다는
역사인식과 사명감에서 출발했다.
지금 우리 경제는 외부 환경 탓도 있지만
과거 선진국도 겪었던 '마의 1만불 시대 불경기'에 처한
상황으로 신경영 선언 당시와 유사하다.
따라서 우리가 이 고비를 어떻게 넘기느냐에 따라
일류 선진국이 될 수도, 후진국으로 전락할 수도 있기
때문에 지금은 당장의 제몫 찾기보다 파이를 빨리 키워,
국민소득 만 불 시대에 돌입하기 위해
온 국민이 다함께 노력해야 할 때이다.

건강과 삶의 질을 높이는 사업은
기업의 사명이다

환경 보전과 에너지 고갈문제를 해결하기 위해
각국 정부도 녹색산업에 투자하고 있다.
또 인류의 건강과 삶의 질을 높이는 사업은
기업의 사명이기도 하다.

이건희의 말

동반 성장을 위한 제도나 인프라를
만들어가도록 하겠다

사실 대기업이 일류가 되기 위해서는
중소기업이 먼저 일류가 되지 않으면 안 된다.
앞으로 2차, 3차 협력업체까지 포함해서
좀 더 무겁게 생각하고 세밀하게 챙겨서
동반 성장을 위한 제도나 인프라를
만들어가도록 하겠다.
나아가 투자와 고용을 확대하고
우리 사회 양극화 문제를 해소하는 데에도
최선을 다하겠다.

삼성의 준비

앞으로 10년은 100년으로 나아가는
도전의 시기가 될 것이다

앞으로 10년은

100년으로 나아가는 도전의 시기가 될 것이며,

이제 삼성은 21세기를 주도하며

흔들림 없이 성장하는 기업,

안심하고 일에 전념하는 기업을

목표로 삼아야 한다.

이건희의 말

부단히 혁신을 추구하는
기업문화를 구축해야 한다

미래를 준비하기 위해

글로벌 인재를 키우고,

유망 기술을 찾아내는 한편,

창의력과 스피드가 살아 넘치고

부단히 혁신을 추구하는

기업문화를 구축해야 한다.

부품 수를 줄이고
가볍고 안전하게 만들어야 한다

부품 수를 줄이고,

가볍고, 안전하게 만드는 것 등

하드웨어도 경쟁사보다

앞선 제품을 만들 자신이 없으면

아예 시작도 하지 말아야 한다.

이건희의 말

대학을 나오지 않아도
실력이 있으면 이사가 될 수 있다

아침에 또 쭉 생각해 놓은 거
결심을 했는데
고졸 중 실력 있는 이는
정직하게 올려주자고.
과장이든 부장이든 이사든
달아줄 수 있어야 돼.

삼성의 준비

경쟁력은 사람과 기술,
사회의 믿음과 사랑에서 나온다

예상하지 못한 변화들이 나타날 것이다.

기존 사업은 성장이 정체되고,

신사업은 생존의 주기가 빠르게 단축될 것이다.

동종 경쟁에서 이종 경쟁으로,

기업 간 경쟁에서 기업군간의 경쟁으로 확대되고 있다.

이러한 상황에서는 무엇보다 중요한 것이 경쟁력이다.

경쟁력은, 안에서는 사람과 기술,

밖에서는 사회의 믿음과 사랑에서 나온다.

이건희의 말

기존의 틀을 모두 깨고
오직 새로운 것만을 생각해야 한다

삼성의 미래는
신사업, 신제품, 신기술에 달려 있다.
기업문화를 더 개방적이고 유연하며
혁신적으로 바꿔야 한다.
기존의 틀을 모두 깨고
오직 새로운 것만을 생각해야 한다.
실패는 삼성인에게 주어진 특권으로 생각하고
도전하고 또 도전하기를 당부한다.

171

초일류기업이 되겠다는
원대한 꿈을 품고 한길로 달려왔다

우리는 초일류기업이 되겠다는

원대한 꿈을 품고 한길로 달려왔다.

양量 위주의 사고와 행동방식을

질質 중심으로 바꾸면서 경쟁력을 키워왔다.

임직원의 열정과 헌신이 큰 바탕이 되었다.

그 결과 우리는 창업 이래 최대 성과를 이루고 있다.

이건희의 말

지역사회와 상생하는 역할을
더욱 강화해야 한다

삼성이 이룬 큰 성과만큼이나
사회적 기대와 책임도 한층 무거워졌다.
지역사회와 상생하는 역할을
더욱 강화해야 한다.
어떠한 어려움에도 흔들리지 않는
영원한 초일류기업을 향한 새로운 첫발을 내딛고
다시 한 번 힘차게 나아가야겠다.

아날로그에서는 뒤졌지만
디지털에서는 앞서간다

우리는 아날로그에서는 뒤졌지만

디지털에서는 앞서간다.

디지털 시대에서 일본은 결코

우리를 앞서가지 못할 것이다.

174

이건희의 말

자유롭게 상상하고
마음껏 도전하자

남보다 높은 곳에서 더 멀리 보고
새로운 기술, 새로운 시장을 만들어내자.
핵심 사업은 누구도 따라올 수 없는
경쟁력을 확보하는 한편,
산업과 기술의 융합화·복합화에 눈을 돌려
신사업을 개척해야 한다.
미래를 대비하는 주역은 바로 여러분입니다.
자유롭게 상상하고
마음껏 도전하자.

삼성의 준비

초일류기업은 후세에 남겨줄
지고의 가치이자 목표이다

초일류기업超一流企業은

후세에 남겨줄

지고至高의 가치이자 목표이다.

176

한국 기업과 일본 기업은
서로 협력할 분야가 많다고 본다

삼성이 최근 몇 년간 좋아지고는 있지만

아직 일본 기업으로부터 더 배워야 할 것이 있다.

한국 기업과 일본 기업은

서로 협력할 분야가 많다고 본다.

시장의 법칙에 적응하지 못하면
살아남을 수 없다

기업의 정글은 시장이다.

시장에서는 영원한 강자도 패자도 없다.

시장의 법칙에 적응하지 못하면

살아남을 수 없다.

이건희의 말

전자산업에서 불량률이 3%라면
그 회사는 망한다

불량률이 적은 것이 일류제품이다.

가령 전자산업의 경우 불량률이 3%라면

그 회사는 망한다.

나는 삼성 임직원들에게

"불량은 암이다.

불량은 악의 근원이다"라고

되뇌면서 일하라고 가르친다.

시간의 중요성은
기업 경영에도 적용된다

시간의 중요성은 기업 경영에도 적용된다.

과거의 기업 경영이 가격과 품질의 경영이었다면

앞으로는 시간 경쟁력이 승부를 좌우할 것이다.

바쁘게 돌아가는 삶 속에서

시간이 갖는 가치가 점점 높아져 가기 때문에

고객이 원하는 바를

경쟁업체보다 빨리 만족시켜 주는 쪽이

우위에 서게 된다.

이건희의 말

규제와 획일은
타율과 타성을 가져온다

규제와 획일은

타율과 타성을 가져오고

결국 인간의 창의성과 자발성을 가로막아

사고와 행동을 오그라들게 한다.

지금 우리가 처한 환경은
100년 전과 비슷하다

지금 우리가 처한 환경은

100년 전과 비슷하다.

정신 차리지 않으면

다시 식민지가 될 수도 있는 상황이다.

그 한없는 서러움을

후세에 물려줄 수는 없지 않은가.

이건희의 말

심리적 공황은 한 번 빠지면
쉽게 벗어날 수 없다

지금 불황의 단면들이 곳곳에서 보이는데

어떤 이는 공황의 조짐까지 보인다고 한다.

그러나 경제가 어렵다는 이유만으로

공황은 오지 않는다는 것이 나의 생각이다.

우리가 진정으로 무서워해야 할 것은

패배의식에 사로잡히는 일이다.

경제적 공황은 얼마든지 극복할 수 있지만

심리적 공황은 한 번 빠지면

쉽게 벗어날 수 없다.

삼성은
1986년에 망한 회사다

삼성은 지난 1986년에 망한 회사다.

이미 15년 전부터 위기를 느껴왔다.

삼성전자는 암에 걸렸다.

중공업은 영양실조다.

건설은 영양실조에 당뇨까지 겹쳤다.

종합화학은 선천성 기형이요

물산은 전자와 종합 화학을 나눈 정도의 병이다.

우리가 정신 안 차리면

구한말 같은 비참한 시대가 올 수도 있다.

184

이건희의 말

반도체 사업이 우리 민족의 재주와
특성에 딱 맞는 업종이라고 생각했다

반도체 사업이 우리 민족의 재주와 특성에
딱 들어맞는 업종이라고 생각했다.
우리는 젓가락 문화권이어서 손재주가 좋고,
주거생활 자체가 신발을 벗고 생활하는 등
청결을 매우 중요시한다.
이런 문화가 반도체 생산에 아주 적합하다.

185

1년 남보다 빨라지면
2등에 비해 플러스알파가 또 나온다

1년 남보다 빨라지면

2등에 비해 플러스알파가 또 나온다.

따라서 타이밍이 생명이다.

모든 것을 선점해 들어가면

간단히 10배, 15배의 이익이 나게 된다.

이건희의 말

뛰어난 작전치고
오래 끄는 것을 본 적이 없다

전쟁에서 이길지라도 시간을 오래 끌면
병기가 무디어지고 병사들의 사기가 떨어진다.
그래서 군대가 성을 공격하면 힘이 다한다.
또한 전투가 길어지면 나라의 재정이 바닥나게 된다.
그러므로 전쟁은 졸속으로 하는 한이 있더라도
빨리 끝내야 한다는 말은 들었어도
뛰어난 작전치고 오래 끄는 것을 본 적이 없다.

삼성의 준비

잘되고 있는 지금이
더 불안하다

내가 더 걱정하는 건 다음 세대야.

1997~1998년이 되면

기본 경쟁력이 안 돼서

진짜 불경기가 오게 돼.

지금 반도체가 잘되고

이익이 몇 조원이 나고 하니까

다들 내가 기분 좋아하고

들떠 있는 걸로 생각하고 있겠지.

하지만 나는 지금이 더 불안해.

이건희의 말

나와 삼성

191

언제까지 미국과 일본의
반도체 기술 속국이어야 하겠습니까?
기술 식민지에서 벗어나는 일,
삼성이 나서겠다.
제 사재를 보태겠다.

기술 식민지에서 벗어나는 일
삼성이 나서겠다

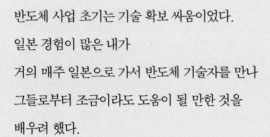

반도체 사업 초기는 기술 확보 싸움이었다.
일본 경험이 많은 내가
거의 매주 일본으로 가서 반도체 기술자를 만나
그들로부터 조금이라도 도움이 될 만한 것을
배우려 했다.

반도체 사업 초기는
기술 확보 싸움이었다

내 재산을 늘리기 위해
이렇게 떠드는 것이 아니다.
재산이 10배 더 늘어봐야
내게는 별 의미가 없다.
여러분이 잘되게,
회사가 잘되게, 나라가 잘되게,
여러분의 자손이 잘 되게 하기 위해서다.

재산이 10배 더 늘어봐야
내게는 별 의미가 없다

나는 사람에 대한 욕심이

세계에서 가장 강한 사람이다.

조금이라도 남보다 나은 사람,

우수한 사람은 단 한 명이라도 내놓을 수가 없다.

돈 몇 푼 나가는 것은 신경도 안 쓴다.

우수한 사람을 더 데리고 더 효율을 내면 된다.

나는 사람에 대한 욕심이
세계에서 가장 강한 사람이다

내가 기업 경영에 몸담은 것은

1966년 동양방송에서부터였다.

처음 입사한 그때부터 지금까지

많은 어려움을 겪고 결단의 순간을 거쳤지만,

지금 와서 보면 반도체 사업처럼

내 어깨를 무겁게 했던 일도 없는 것 같다.

반도체 사업만큼
내 어깨를 무겁게 한 일은 없다

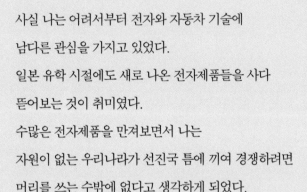

사실 나는 어려서부터 전자와 자동차 기술에

남다른 관심을 가지고 있었다.

일본 유학 시절에도 새로 나온 전자제품들을 사다

뜯어보는 것이 취미였다.

수많은 전자제품을 만져보면서 나는

자원이 없는 우리나라가 선진국 틈에 끼여 경쟁하려면

머리를 쓰는 수밖에 없다고 생각하게 되었다.

특히 1973년에 닥친 오일쇼크에 큰 충격을 받은 이후,

한국은 부가가치가 높은 하이테크 산업에

진출해야 한다는 확신을 가졌다.

어려서부터 전자와 자동차 기술에
남다른 관심이 있었다

1974년 마침 한국반도체라는 회사가

파산에 직면했다는 소식을 들었다.

무엇보다도 '반도체'라는 이름에 끌렸다. (중략)

그러나 한국반도체를 실제로 조사해 보곤 실망이 컸다.

이름만 반도체지 트랜지스터나 만드는 수준이었다.

언제 LSI (대규모 집적회로), VLSI (초대형 집적회로)를

만들 수 있을지 알 수 없었고,

더구나 한미합작이어서 인수한다 하더라도

여러 제약이 많을 것으로 생각했다.

무엇보다도 '반도체'라는
이름에 끌렸다

해외 간담회를 통해 1800명과 350시간 대화했고,

사장단과는 800시간에 걸쳐 토의했다.

저녁 8시에 시작한 간담회가

이튿날 새벽 2시까지 계속되기도 했다.

그때는 다들 피곤한 줄도 몰랐다.

간담회가 시작되었다 하면 8시간을 넘기기 일쑤였다.

그리고 8월 4일 도쿄 회의를 마지막으로

간담회를 끝냈다.

6월 7일 프랑크푸르트에서 시작된 이래

68일간의 대장정이었다.

저녁 8시에 시작한 간담회가
이튿날 새벽 2시까지 계속되기도 했다

중국 지도자와 면담하면서
마음 한구석에 답답함을 떨쳐버릴 수 없었다.
일본은 이미 경제대국으로 자리 잡았고,
중국은 지도부가 앞장서서
경제 발전의 리더십을 발휘하고 있는데,
우리 행정과 정치는
아직도 규제와 권위주의라는 구태를
벗지 못하고 있다는 생각이 들었기 때문이다.

아직도 규제와 권위주의라는
구태를 벗지 못하고 있다

장쩌민 주석과 만난 것이 기자들의 관심을 끌었는지
회담을 마치자마자 우리 언론사 특파원들의 요청으로
베이징에서 기자 간담회를 가졌다.
그렇게 공식적으로 기자단과 만난 것은 처음이었다.
사실 나는 말할 때 외교적 수사를 동원하거나
세련되게 하기보다 직설적으로 표현하는 편이다.
그 자리에서 나는 중국 지도자들이 보여준
국가 발전에 대한 비전과 자신감, 열정에 대해 느꼈던
부러움과 우리 현실에 대한 안타까움의 일단을 표출했다.
앞으로 정치, 행정, 기업, 국민이 제각기 일류가 되고
서로 유기적으로 힘을 합칠 때

'기업은 2류, 행정은 3류,
정치는 4류'라는 말이 있다

모두 덕을 보는 선순환이 형성되리라는 평소 소신을

허심탄회하게 얘기했다.

이러한 내 심정을 나타낸 것이

'기업은 2류, 행정은 3류, 정치는 4류'라는 말이었다.

사실 일본에서는

이 말이 나온 지 오래되었다.

그들 역시 미국을 따라잡기 위해

이런 극단적인 용어를 써가며

정치인과 관료, 기업인이 하나로 뭉쳐

오늘날 경제대국을 이루었다.

그런데도 내 발언의 진정한 취지와 의도는 덮어둔 채

마치 정부를 비판하고

정치권을 매도하는 내용으로 알려지면서

사회적으로 큰 파문이 일어 마음고생을 많이 했다.

당시 나의 순수한 취지와 충정을 받아들이지 않고,

손을 들어 달을 가리키는데

달은 보지 않고 손가락만 쳐다보는 현실에

실망도 많이 했다.

누구나 불가능하다고 했던
반도체 사업을 성공시켜 엄청난 이익을 내고 있고,
앞으로 자동차에 투자할 자금을
반도체에 투자하면 편하게 경영할 수 있는데,
내가 왜 또다시 어려운 길을 택했나 하는
회의가 들 때도 있었다.

자동차에서 전장품이 차지하는 비중이
점점 높아지고 있으므로
삼성이 그간 축적해 온 전자 분야의 기술력을
성능 차별화의 포인트로 삼고,

자동차 산업에 대해 누구보다
많이 공부했고 수많은 사람을 만났다

전 세계에 걸친 수출망과 관련 분야에서
폭넓게 확보한 내부의 기술인력을 제대로 활용하면
잘 해낼 수 있으리라는 자신감이 생겼다.

나는 자동차 산업에 대해
누구보다 많이 공부했고 수많은 사람을 만났다.
전 세계 웬만한 자동차 잡지는 다 구독해 읽었고
세계 유수의 자동차 메이커 경영진과
기술진도 거의 다 만나 보았다.
즉흥적으로 시작한 것이 아니고
10년 전부터 철저히 준비하고

연구해 왔다고 할 수 있다.

이런 저런 오해 속에서 말 못할 고생을 하고
자동차 산업을 잘못 시작했다는
세간의 우려도 있으나,
1998년 3월 출시될
삼성자동차의 품질과 서비스 수준이
이런 오해와 우려를 불식시켜 줄 것이다.

삼성 회장으로서의 메시지

회장 취임사

우리는 지금 국내외적으로 수많은 시련과 도전이 몰려드는 격동의 시대를 살고 있습니다. '삼성 제2의 창업'의 선봉으로 혼신의 힘을 다하여 그 소임을 수행할 것입니다. 삼성은 이미 한 개인이나 가족의 차원을 넘어 국민적 기업이 되었습니다. 삼성이 지금까지 쌓아 온 훌륭한 전통과 창업주의 유지를 계승하여 이를 더욱 발전시켜 나갈 것이며, 미래 지향적이고 도전적인 경영을 통해 삼성을 세계적인 초일류 기업으로 성장시킬 것입니다. 첨단 기술산업 분야를 더욱 넓히고 해외사업의 활성화로 그룹의 국제화를 가속시킬 것이며, 국가와 사회가 필요로 하는 인재를 교육시키며 그들에게 최선의 인간관계와 최고의 능률이 보장되도록 하겠습니다. 지금 사회가 우리에게 기대하고 있는 이상으로 봉사와 헌신을 적극 전개할 것입니다. 새로 출범하는 삼성의 제2창업에 찬란한 영광이 돌아오도록 힘차게 전진합시다.

－1987년 12월 1일 오전 10시 호암아트홀

제2창업 선언식

이제 우리나라는 선진국과 공존공영의 협력관계를 유지하면서 어깨를 겨루게 되었고, 이런 놀라운 성장에 삼성이 중추적 역할을 했다는 사실에 크나큰 긍지와 자부심을 갖는다. 지난 반세기의 발자취를 거울로 삼아 삼성의 위대한 내일을 설계하자. 오는 90년대까지 삼성그룹을 세계적인 초일류기업으로 발전시키겠으며 앞으로 각종 사회봉사사업을 비롯한 문화진흥 활동을 전개하기 위한 별도의 기구를 구성하겠다.

– 1988년 3월 올림픽공원 체조경기장

삼성 회장으로서의 메시지

1989년 신년사

삼성의 협력업체도 바로 삼성가족입니다. 그들에게 인격적인 대우와 적극적인 지원을 해 주어 회사와 협력업체가 하나의 공동체이며 한 가족이라는 자부심을 느끼도록 해줌으로써 참된 공존공영을 이룩하는 것 또한 인간 중시 경영의 하나라고 저는 믿고 있습니다.

－1989년 1월 2일

프랑크푸르트 선언

국제화 시대에 변하지 않으면 영원히 2류나 2.5류가 될 것입니다. 지금처럼 잘해봐야 1.5류입니다. 마누라와 자식 빼고 다 바꿉시다.

앞으로 세상에 디자인이 제일 중요해집니다. 개성화로 갑니다. 자기 개성의 상품화, 디자인화, 인간공학을 개발해서. 성능이고 질이고는 이제 생산기술이 다 비슷해집니다. 앞으로 개성을 어떻게 하느냐 디자인을 어떻게 하느냐에 달려 있습니다.

－1993년 6월

삼성 회장으로서의 메시지

1994년 신년사

앞으로의 10년은 과거의 50년, 100년과 맞먹는 기업 경영의 변화, 세계 역사의 발전을 가져올 것입니다.

－1994년 1월 2일

삼성가족 한마음 축제

우리는 지금 가슴 벅찬 미래를 향한 출발 선상에 서 있습니다. 우리의 목표는 초일류이며, 방향은 하나로 눈은 세계로 그리고 꿈은 미래에 두고 힘차게 앞으로 나아갑시다.

－1994년

1996년 신년사

협력업체는 우리와 같은 배를 타고 있는 신경영의 동반자입니다. 협력업체의 질적 수준이 세계일류로 올라갈 때 비로소 우리가 목표로 하는 세계일류가 달성될 수 있을 것입니다. 다가올 21세기는 문화의 시대이자 지적 자산이 기업의 가치를 결정짓는 시대입니다. 기업도 단순히 제품을 파는 시대를 지나 기업의 철학과 문화를 팔아야만 하는 시대라는 뜻입니다. 디자인과 같은 소프트한 창의력이 기업의 소중한 자산이자 21세기 기업경영의 최후의 승부처가 될 것이라고 확신하고 있습니다.

－1996년 1월 2일

이건희의 말

1997년 신년사

— IMF 사태 직전, 위기의식 강조

저는 지난 10년 동안 세기말적 변화에 대한 기대와 위기감으로 잠 못 이루는 밤이 많았습니다. 이제 21세기를 준비하기 위해 우리에게 주어진 시간은 불과 3년뿐입니다. 시간은 흘러가고 남들은 뛰고 있는데, 우리는 '외부환경의 위기', '내부혁신의 위기', '시간의 위기'를 한꺼번에 해결해야 하는 무거운 짐을 안고 있습니다. 우리가 정신을 똑바로 차리지 않으면 삼성은 물론, 나라마저 2류, 3류로 떨어질 수밖에 없는 절박한 순간입니다. 우리는 지난 30년 동안 하면 된다는 '헝그리 정신'과 남을 뒤쫓아가는 '모방정신'으로 세계가 부러워하는 경제성장의 기적을 만들어 냈습니다. 그러나 이제 더 이상 재래식 모방과 헝그리 정신만으로는 새로운 시대를 이끌어 갈 수 없게 되었습니다. 이제는 자율적이고도 창의적인 주인의식이 있어야 합니다. 스스로 신바람이 나서 정열적으로 일하고 그 속에서 자아실현이라는 기쁨도 얻을 수 있어야 합니다. 이런 의미에서 저는 자율과 창의가 21세기 우리 사회를 이끌어 가는 새로운 '발전의 원동력'이자 '정신적 추진력'이 될 것이라고 굳게 믿고 있습니다.

21세기 정보화 사회에서는 인간의 지적 창의력이 부의 크기와 기업의 경쟁력을 좌우하게 됩니다. 하드적인 제품의 성능이나 품질은 시간이 지나면서 점차 평준화되기 때문에 더 이상 차별적인 경쟁무기가 될 수는 없습니다. 지금부터라도 10년 앞을 내다보면서 세계 표준이 될 수 있는 기술개발과 무형자산을 확대하는 데 그룹의 경영력을 집중해 나가야 하겠습니다.

−1997년 1월 2일

이건희의 말

1998년 신년사

바람이 강하게 불수록 연은 더 높게 뜰 수 있다고 합니다. 지금 우리에게 필요한 것은 위기를 도약의 계기로, 불황을 체질강화의 디딤돌로 삼을 수 있는 땀과 희생, 그리고 용기와 지혜입니다.

— 1998년 1월 2일

삼성 회장으로서의 메시지

2001년 신년사

우리 삼성은 사회와 함께 하는 기업시민으로서 더불어 사는 상생의 기업상을 구현해야 합니다. 소외된 이웃에 눈을 돌리고 따뜻한 정情과 믿음이 흐르는 건강한 공동체를 만들어 가는 것은 선도기업인 우리의 책임이라고 할 수 있습니다. 주주, 고객, 국민 어느 누구에게도 떳떳하고 당당한 바른 경영, 믿음을 주는 경영을 실천함으로써 시장의 신뢰를 얻고 사회의 사랑과 격려를 받는 기업이 되어야 할 것입니다.

— 2001년 1월 2일

이건희의 말

신경영 10주년 기념사

신경영을 안 했으면 삼성이 2류, 3류로 전락했거나 망했을지도 모른다는 생각에 등골이 오싹하다. 신경영의 성과를 어려운 국가 경제위기 극복과 국민 생활에 도움이 되도록 확산시켜 나가자. 신경영은 세기말적 상황에서 경제전쟁에서의 패배, 일류 진입의 실패는 경제식민지가 될 수 있다는 역사인식과 사명감에서 출발했다.

지금 우리 경제는 외부 환경 탓도 있지만 과거 선진국도 겪었던 '마의 1만불 시대 불경기'에 처한 상황으로 신경영 선언 당시와 유사하다. 따라서 우리가 이 고비를 어떻게 넘기느냐에 따라 일류 선진국이 될 수도, 후진국으로 전락할 수도 있기 때문에 지금은 당장의 제몫 찾기보다 파이를 빨리 키워, 국민소득 만 불 시대에 돌입하기 위해 온 국민이 다함께 노력해야 할 때이다.

— 2003년 6월 5일

2004년 신년사

디지털 시대의 경쟁력은 지식과 브랜드, 디자인과 같은 소프트한 분야들이 좌우할 것입니다. 남들이 흉내 낼수 없는 삼성만의 소프트를 창출하는 것, 그것이 바로일류 경쟁력 확보의 지름길입니다.

－2004년 1월 2일

삼성 회장으로서의 메시지

반도체 30년 기념식

　반도체 사업 진출 당시, 우리 기업이 살아남을 길은 머리를 쓰는 하이테크산업 밖에 없다고 생각해 과감히 투자를 결정했습니다.

− 2004년 12월

2006년 1월 신년사

과거의 성공에 도취하고 현재의 편안함에만 안주한
다면 정상의 자리는 남의 몫으로 넘어 갈 것입니다.

-2006년 1월

경영복귀 메시지

　지금이 진짜 위기다. 글로벌 일류기업들이 무너지고 있다. 삼성도 언제 어떻게 될 지 모른다. 앞으로 10년 내에 삼성을 대표하는 사업과 제품은 대부분 사라질 것이다. 다시 시작해야 된다. 머뭇거릴 시간이 없다. 앞만 보고 가자.

－ 2010년 3월 24일

신사업 관련 사장단 회의

환경 보전과 에너지 고갈문제를 해결하기 위해 각국 정부도 녹색산업에 투자하고 있다. 또 인류의 건강과 삶의 질을 높이는 사업은 기업의 사명이기도 하다. 다른 글로벌 기업들이 머뭇거릴 때 과감하게 투자해서 기회를 선점하고 국가 경제에도 보탬이 되도록 해야 한다. 젊고 유능한 인재들을 많이 뽑아서 실업해소에도 더 노력해 달라.

— 2010년 5월 10일

반도체 16라인 기공식

지금 세계경제가 불확실하고 경영여건의 변화도 심할 것으로 예상은 되지만, 이러한 시기에 투자를 더 늘리고 인력도 더 많이 뽑아서 글로벌 사업기회를 선점해야 그룹에도 성장의 기회가 오고 우리 경제가 성장하는 데도 도움이 될 것이다.

— 2010년 5월 17일

대통령 기업인 조찬 간담회 답사

　대기업과 중소 협력업체가 함께 성장하는 것은 대기업을 위해서뿐만 아니라 시장경제와 자본주의를 건전하게 발전시키는데도 필요한 일이다. 사실 대기업이 일류가 되기 위해서는 중소기업이 먼저 일류가 되지 않으면 안 된다. 앞으로 2차, 3차 협력업체까지 포함해서 좀 더 무겁게 생각하고 세밀하게 챙겨서 동반 성장을 위한 제도나 인프라를 만들어가도록 하겠다. 나아가 투자와 고용을 확대하고 우리 사회 양극화 문제를 해소하는 데에도 최선을 다하겠다.

　　　　　　　　　　　　　　　　　　　– 2010년 9월 13일

그룹 조직 신설

21세기 변화가 예상보다 더 빠르고 심하다. 삼성이 지난 10년간 21세기 변화를 대비해 왔지만 곧 닥쳐올 변화를 생각하면 턱없이 부족하다. 미래에 대비하기 위해서는 그룹 전체의 힘을 다 모으고 사람도 바꿔야 한다.

— 2010년 11월 9일

자랑스런 삼성인상 시상식

새로운 10년이 시작된다. 옛날과 달라서 21세기 10년
은 빠르게 온다고 생각한다.

— 2010년 12월 1일

2011년 신년사

　지금부터 10년은 100년으로 나아가는 도전의 시기가 될 것이며, 이제 삼성은 21세기를 주도하며 흔들림 없이 성장하는 기업, 안심하고 일에 전념하는 기업을 목표로 삼아야 한다. 사업구조가 선순환 되어야 하며, 지금 삼성을 대표하는 대부분의 사업과 제품은 10년 안에 사라지고, 그 자리에 새로운 사업과 제품이 자리 잡아야 한다. 이 일을 혼자서 다하기는 어렵기 때문에 삼성 브랜드 가치를 높이고 인류의 삶을 풍요롭게 하는 일이라면, 누구와도 손을 잡을 수 있어야 하고 모자라는 부분은 기꺼이 협력하는 결단과 용기가 필요하다. 미래를 준비하기 위해 글로벌 인재를 키우고, 유망 기술을 찾아내는 한편, 창의력과 스피드가 살아 넘치고 부단히 혁신을 추구하는 기업문화를 구축해야 한다.

— 2011년 1월 3일

선진제품 비교 전시회 참관

　5년, 10년 후를 위해 지금 당장 소프트기술, S급 인재, 특허를 확보하지 않으면 안 된다. 소프트웨어, 디자인, 서비스 등 소프트기술의 경쟁력이 무엇보다 중요해지고 있다. 필요한 기술은 악착같이 배워서 반드시 확보해야 한다. 부품 수를 줄이고, 가볍고, 안전하게 만드는 것 등 하드웨어도 경쟁사보다 앞선 제품을 만들 자신이 없으면 아예 시작도 하지 말아야 한다. 기술 확보를 위해서는 사장들이 S급 인재를 뽑는 데서 그치지 말고, 일할 수 있는 환경을 만들어 주어야 한다. 특히 소프트웨어 인력은 열과 성을 다해 뽑고 육성해야 한다. 지금은 특허 경쟁의 시대이며, 기존 사업뿐 아니라 미래 사업에

234

필요한 기술이나 특허는 투자 차원에서라도 미리미리
확보해 두어야 한다.

－ 2011년 7월 29일

남아공 IOC 총회에서
평창 유치 성공 후 답사

전부 저보고 했다고 하는데 이건 대한민국 국민 여러분이 이렇게 만든 것입니다. 평창 유치팀들이 고생이 많았습니다. 특히, 대통령께서 오셔서 전체 분위기를 올려놓았기 때문에 이런 것들이 합쳐져서 이뤄진 것 같습니다. 저는 조그만 부분만 담당했을 뿐입니다.

— 2011년 7월 5일

여성 임원 오찬

여성 임원은 사장까지 되어야 한다. 임원 때는 본인의 역량을 모두 펼칠 수 없을 수도 있으나, 사장이 되면 본인의 뜻과 역량을 다 펼칠 수 있으니 사장까지 되어야 한다.

— **2011년 8월 23일**

삼성 회장으로서의 메시지

2012년 신년사

　삼성은 어려움 속에서 위기 극복에 온 힘을 다해야 한다. 특히 국민 경제를 발전시키고 지속적인 성장의 토대를 마련하는 것이 주어진 책임이자 의무이다. 앞으로 예상하지 못한 변화들이 나타날 것이다. 기존 사업은 성장이 정체되고, 신사업은 생존의 주기가 빠르게 단축될 것이다. 동종 경쟁에서 이종 경쟁으로, 기업간 경쟁에서 기업군간의 경쟁으로 확대되고 있다. 이러한 상황에서는 무엇보다 중요한 것이 경쟁력이다. 경쟁력은 안에서는 사람과 기술, 밖에서는 사회의 믿음과 사랑에서 나온다. 우수한 인재를 키우고 차별화된 기술을 확보하는 일과 함께 사회로부터 믿음을 얻고 사랑받을 수 있도록 노력해야 한다. 이를 위해 삼성은 국민기업으로서 사회적 책임을 다해야 한다. 투자와 고용을 확대하고 수출에 전력을 다하며, 협력회사가 세계 일류의 경쟁력을 갖추도록 정성을 쏟아야 한다. 삼성의 미래는 신사업, 신제품, 신기술에 달려 있다. 기업문화를 더 개방적이고 유연하며 혁신적으로 바꿔야 한다. 기존의 틀을 모두 깨고 오직 새로운 것만을 생각해야 한다. 실패는 삼성인에게 주어진 특권으로 생각하고 도전하고 또 도전하기를 당부한다.

— 2012년 1월 2일

삼성 회장으로서의 메시지

CES 참관

    정말 앞으로 몇 년, 십 년 사이에 정신을 안 차리고 있으면 금방 뒤지겠다 하는 느낌이 들어서 더 긴장이 됩니다. 우리가 선진국을 따라가고, 우리가 앞서가는 것도 몇 개 있지만, 더 앞서가야 되겠다는 생각이 듭니다. 미래에 대해서 충실하게 생각하고, 상상력, 창의력을 활용해서 힘 있게 나아가자 하는 것이 구호입니다.

－ 2012년 1월 12일

취임 25주년 기념식

　25년 전 이 자리에서 삼성의 새 역사 창조를 다짐하고, 삼성을 세계 초일류기업으로 키우겠다는 목표를 세운 이래 인재육성과 기술확보, 시장개척에 힘을 쏟고, 사회공헌에도 노력을 기울였다. 취임 초 삼성이 망할지도 모른다는 위기의식을 절감해 신경영을 선언하며 낡은 관행과 제도를 과감하게 청산했다. 동참해 준 임직원들에게 깊이 감사드린다. 우리의 갈 길은 아직 멀다. 위대한 내일을 향해 새로운 도전을 시작해야 한다.

－ 2012년 11월 30일

삼성 회장으로서의 메시지

2013년 신년사

　지난 성공은 잊고 새롭게 시작해야 한다. 도전하고 또 도전해 새로운 성장의 길을 개척하는 것이 우리에게 주어진 사명이다. 더 멀리 보면서 변화의 흐름을 앞서 읽고 삼성의 미래를 책임질 신사업을 찾아내야 한다. 시장은 넓고 기회는 열려 있다. 미래는 준비된 자의 몫이다. 미래를 위한 확실한 투자는 인재 육성이다. 우수한 인재를 뽑고 각자의 능력을 마음껏 발휘할 수 있도록 분위기를 만들어 줘야 한다. 세계의 다양한 인재들이 열린 생각을 하고 막힘 없이 상하좌우로 통하게 한다면 삼성은 매 순간 새롭게 태어나고 혁신의 기품으로 가득 찰 것이다. 경제가 어려울수록 기업의 사회적 책임은 더 무거워지게 된다. 삼성은 투자와 일자리 창출에 적극 동참해 국민경제에 힘이 되고, 우리 사회에 희망을 줘야 한다. 협력회사의 경쟁력을 키워 성장을 지원하고 지식과 노하우를 중소기업들과 나눠 국가경제에 활력을 불어넣어야 한다. 또한 어려운 이웃, 그늘진 곳의 이웃들이 희망과 용기를 가질 수 있도록 사회공헌사업을 더 활발하게 추진해야 한다.

— 2013년 1월 2일

2014년 신년사

5년 전, 10년 전의 비즈니스 모델과 전략, 하드웨어적인 프로세스와 문화는 과감하게 버립시다. 시대의 흐름에 맞지 않는 사고방식과 제도, 관행을 떨쳐 냅시다. 한 치 앞을 내다보기 어려운 불확실성 속에서 변화의 주도권을 잡기 위해서는 시장과 기술의 한계를 돌파해야 합니다. 남보다 높은 곳에서 더 멀리 보고 새로운 기술, 새로운 시장을 만들어 냅시다. 핵심 사업은 누구도 따라올 수 없는 경쟁력을 확보하는 한편, 산업과 기술의 융합화·복합화에 눈을 돌려 신사업을 개척해야 합니다.

미래를 대비하는 주역은 바로 여러분입니다. 자유롭게 상상하고 마음껏 도전하기 바랍니다. 지난 20년간

양에서 질로 대전환을 이루었듯이 이제부터는 질을 넘어 제품과 서비스, 사업의 품격과 가치를 높여 나갑시다. 우리의 더 높은 목표와 이상을 향해 힘차게 나아갑시다.

－ 2014년 1월 2일

삼성 회장으로서의 메시지

이건희 어록+100

Quotations from Lee Kun-Hee

삼성그룹 임원진에게만 공개했던 『지행33훈』, 이건희 자서전, 이건희 에세이집, 각종 언론 인터뷰 중에서 '황금 같은 말씀' 100개를 정리하여 공개한다.

001

나는 삼성을 일류 기업으로 만들겠다.

양量은 포기하고 질質로 가야 한다.

002

레슬링이든 탁구든 사업이든

뭐든 일본만 이기면 기분이 좋다.

003

경영자는 보이지 않는 것을 보는 사람이다.

004

우리는 지금 어디에 서 있는지,

어디로 가는지 파악하라.

005

남이 잘 되는 것을 축복하라.

그 축복이 메아리처럼 나를 향해 찾아올 것이다.

006

힘들어도 웃어라.

절대자도 웃는 자를 좋아한다.

007

직관과 통찰력은 훈련을 통해 기를 수 있다.

008

자신의 영혼을 위해 투자하라.

투명한 영혼은 천 년 앞을 내다본다.

009

2킬로미터를 달리다가

3킬로미터, 4킬로미터를 달리는 것은 어렵지 않다.

010

올림픽에서 2등은 은메달이라도 걸지만

기업의 세계에서 2등에게는 아무것도 돌아오는 것이 없다.

011

부자 옆에 줄을 서라.

산삼 밭에 가야 산삼을 캘 수 있다.

012

우리에게 가장 필요한 것은

몸을 던져서라도 난관을 돌파하는 럭비 정신이다.

013

내가 볼 수 없는 미래를 볼 수 있는 사람을 준비하라.

014

인재는 데려오지 말고 모셔오라.

015

적극적인 말을 써라. 부정적인 말은 복 나가는 말이다.

016

내 앞에서는 담배를 피워도 좋다.

그러나 고객 앞에서는 담배를 피우지 말라.

017

항상 기뻐하라.

그래야 기뻐할 일들이 줄줄이 따라온다.

018

실패한 사람을 자르지 말라.

그의 실패에 들어간 돈이 얼마인데

실패했다고 내보내느냐.

019

써야 할 곳과 안 써도 좋을 곳을 분간하라.

판단이 흐리면 낭패가 따른다.

020

무엇인가 자꾸 막히는 것은 '우선멈춤' 신호다.

멈춘 다음 정비하고 출발하라.

021

작은 것을 탐내면 큰 것을 잃는다.

022

앞으로 사람을 다치게 하고
사회 혼란을 가져오는 업종은 포기하라.

023

들어온 떡만 먹으려 말라.
떡이 없으면 나가서 떡을 만들라.

024

내가 두려워하는 것은 실패 그 자체가 아니라
같은 실패를 되풀이하는 것이다.

025

기도하고 행동하라.
기도와 행동은 앞바퀴와 뒷바퀴다.

026

나는 어릴 때부터 물건을 뜯어보는 습관이 있다.
그 안의 구조를 알고 싶었기 때문이다.

027

마음의 무게를 가볍게 하라.

마음이 무거우면 세상이 무거워진다.

028

레슬링의 룰을 통해 규칙과 원칙의 중요성을 배웠다.

029

바둑 1급 열 명은 바둑 1단 단 한 명을 이길 수 없다.

030

돈은 거짓말을 하지 않는다.

돈 앞에서 진실하라.

031

사업의 성패는 개념 파악 여부에 좌우된다.

032

씨돈은 쓰지 말고 아껴 두어라.

씨돈은 새끼를 치는 종자돈이다.

033

기술과 지식, 정보를 길러라.

이것이 경쟁력의 원천이다.

034

샘물은 퍼낼수록 맑은 물이 솟아난다.

035

서비스에서 가장 중요한 것은

기술력을 바탕으로 한 고객만족이다.

036

조직이 젊어져야 한다. 젊게 해야 한다.

037

헌 돈은 새 돈으로 바꿔 사용하라.

새 돈은 충성심을 보여준다.

038

버릴 건 빨리 버리고 시작할 건 빨리 시작하라.

039

깨진 독에 물 붓지 말라.

새는 구멍을 막은 다음 물을 부어라.

040

머뭇거릴 시간이 없다. 앞만 보고 간다.

041

요행의 유혹에 넘어가지 말라.

요행은 불행의 안내자다.

042

검약하라. 약 중에 제일 좋은 보약은 검약이다.

043

자신감을 높여라. 기가 살아야 운이 산다.

044

장사꾼이 되지 말라.

경영자가 되면 보이는 것이 다르다.

045

서두르지 말라.

급히 먹은 밥에 체하게 마련이다.

046

세상에 우연은 없다.

한번 맺은 인연을 소중히 하라.

047

돈 많은 사람을 부러워 말라.

그가 사는 법을 배우도록 하라.

048

본전 생각을 하지 말라.

손해가 이익을 끌고 온다.

049

돈을 내 맘대로 쓰지 말라.

돈에게 물어보고 사용하라.

050

느낌을 소중히 하라.

느낌은 신의 목소리다.

051

돈을 애인처럼 사랑하라.

사랑은 기적을 보여준다.

052

기회는 눈 깜박하는 사이에 지나간다.

순발력을 키워라.

053

말이 씨앗이다.

좋은 종자를 골라서 심어라.

054

작은 것 탐내다가 큰 것을 잃는다.

무엇이 큰 것인가를 판단하라.

055

비정도非正道 1등보다 정도正道 5등이 낫다.

056

최고 경영자는 좋은 의미의 메기가 되어야 한다.

057

순발력을 키워라. 기회는 눈 깜빡할 사이에 지나간다.

058

돈의 노예로 살지 말라.

돈의 주인으로 기쁘게 살아가라.

059

절망 속에서도 희망을 잃지 말라.

희망만이 희망을 싹 틔운다.

060

기쁨 넘치는 노래를 불러라.

그 소리를 듣고 사방팔방에서 몰려든다.

061

지갑은 돈이 사는 아파트다.

나의 돈을 좋은 아파트에 입주시켜라.

062

불경기에도 돈은 살아서 숨쉰다.

돈의 숨소리에 귀를 기울여라.

063

값진 곳에 돈을 써라.

돈도 신이 나면 떼지어 몰려온다.

064

돈 벌려고 애쓰지 말라.

돈을 사랑하기 위해 애를 써라.

065

인색하지 말라.

인색한 사람에게는 돈도 야박하게 대한다.

066

찬밥 더운 밥 가리지 말라.

뱃속에 들어가면 찬밥도 더운 밥 된다.

067

좋은 만남이 좋은 운을 만든다.

좋은 인연을 소중히 하라.

068

효도하고 또 효도하라.

그래야 하늘과 조상이 협조한다.

069

돈을 편하게 하라.

아무 데나 구겨 넣으면 돈도 비명을 지른다.

070

느낌을 소중히 하라.

느낌은 하늘의 목소리다.

071

아버지를 이기기보다는

아버지를 능가하는 것이 효도의 첫걸음이다.

072

있을 때는 겸손하라.

그러나 없을 때는 당당하라.

073

부지런하라.

부지런은 절반의 복을 보장한다.

074

돈은 돈을 좋아한다.

생기는 즉시 은행에 입금시켜라.

075

돈은 잠자는 사이에도 쉬지 않고 새끼친다.

기뻐하라.

076

철학과 문화를 파는 마케팅이라야 한다.

077

부자처럼 생각하고 행동하라.

나도 모르는 사이에 부자가 되어 있다.

078

돈을 값진 곳에 써라.

돈도 자신의 명예를 소중히 안다.

079

돈에 낙서하지 말라.

당신의 얼굴에 문신하면 어떻겠나를 생각하라.

080

규율과 질서는 지키게 하되

자율과 창의는 최대한 존중하라.

081

좋은 대우만큼 직원에게 훌륭한 격려는 없다.

082

미래를 위해 가장 먼저 할 일은 인재 확보다.

083

찢어진 돈은 때워서 사용하라.

돈도 치료해준 사람에게 감사한다.

084

성과를 내는 직원은 사장보다 더 많이 보상하라.

085

사람만큼 귀한 존재는 없다.

사람을 소중히하라.

086

개와 돈은 같다.

쫓아가면 도망가고 기다리면 쫓아온다.

087

잘 뽑는 것만큼

잘 배치하고 잘 챙기는 게 중요하다.

088

돈과 대화를 나눠라.

돈의 말에 귀를 기울여라.

089

안달하지 말라.

돈은 안달하는 사람을 증오한다.

090

마음이 가난하면 가난을 못 벗는다.

마음에 풍요를 심어라.

091

돈이 가는 길이 따로 있다.

그 길목을 지키며 미소를 지어라.

092

내가 잘 하면 모든 것은 해결된다.

093

바람이 강하게 불수록 연은 더 높이 뜬다.

094

기업은 살아 있는 생명체다.
스스로 끊임없이 변하지 않으면
살아남을 수 없다.

095

극極과 극極으로 대비해서 보는
흑백론적 시각에서 벗어나라.

096

인간이 인간을 믿는 것이이야말로
가장 큰 재산이다.

097

대기업과 중소기업은 부부와 같다.

서로 이끌고 밀어주면서 공존공영해야 한다.

098

개를 길러 봐라.

상대방 처지에서 생각하는 법을 배우게 된다.

099

상품의 원가原價는 기업이 아니라

고객이 매기는 것이다.

100

5명이 할 일을 4명이 하면 더 잘한다.

그 이유를 생각해 봐라.

신경영의 시발점
'후쿠다 보고서'

세계를 움직이는 초일류 기업은 하루아침에 되지 않았다

삼성의 기업경영은 1993년 이전과 이후로 나뉜다. 1993년 삼성전자에서 재직 중이던 사십대의 일본인 디자이너가 작성한 '후쿠다 보고서'가 이건희 회장을 자극하여 신경영을 촉발하는 계기가 되었다. 보고서를 읽어본 이건희 회장은 이류에 안주하는 임원들에게 불같이 화를 냈다고 한다.

그는 프랑크푸르트에 200여 임원을 모아놓고 2주일 동안이나 토론하며 "15년 전부터 위기를 느껴왔다. 지금은 잘 해보자고 할 때가 아니라 죽느냐 사느냐 갈림길에 서 있는 때다. 우리 제품은 선진국을 따라잡기에는 아직 멀었다. 2등 정신을 버려야 한다."고 위기와 변화를 외쳤다. 이렇게 '후쿠다 보고서'가 삼성의 혁신을 촉발했고 초인류 기업으로 가는 시발점이 되었다.

그 후, 이건희 회장은 68일간 독일·스위스·영국·일본을 오가며 임직원 2,000여 명과 350여 시간의 회의와 간담회를 했다. 그는 사장단 40여 명과 800시간 이상 토론도 했다. 때론 밤을 새웠다. "불량품은 경영의 범죄 행위"라며 경영진에 질책과 경고도 서슴지 않았다. 그래도 조직은 좀처럼 바뀌지 않자 이건희 회장은 '지행 33훈'이란 행동 지침까지 내놓기에 이르렀다.

'지행'은 알고[知], 행동하며[行], 쓸 줄 알고[用], 가르치고[訓], 평가할 줄 아는[評] 내용으로 삼성을 이류에서 일류로, 다시 초일류로 변화시켜 나가는 이건희 회장의 혁신적인 철학을 담고 있다.

디자인 고문으로 삼성전자에 근무하고 있던 후쿠다는 그동안 4건의 보고서를 작성했지만, 이 회장은 보고받지 못했다. 후쿠다가 올린 보고서는 당시 일류 기업인 소니와 파나소닉을 베끼기에 급급한 삼성과 좀처럼 바뀌지 않는 경영진의 행태를 신랄하게 지적하는 내용이었다.

후쿠다 보고서는 삼성의 문제를 '디자이너 게이샤론'이라고 표현했다. 게이샤는 기생이란 말로 삼성의 경영진은 디자이너에게 작은 요구까지 모두 맞춰주길 원한다는 것이다. 이런 경영진에 응하는 삼성 디자이너를 '매춘부적'이라고 혹평했다. 후쿠다 보고서는 "상품 전략서도, 기획서도 없고 디자인 결정 방법이 과학적이지 않다"고도 했다.

이 회장은 독일 프랑크푸르트로 가는 비행기에서 보고서를 수차례 읽었다. 한 전직 삼성 임원은 "이 회장에겐 디자인 전략서가 아닌, 삼성의 고질적인 이류 의식을 꼬집은 보고서였다"고 했다.

후쿠다는 보고서에서 "삼성 경영진은 상품이 잘 팔리면 영업 수완이고, 안 팔리면 디자인 탓으로 돌린다"고 쓰기도 했다. 이 회장은 프랑크푸르트의 한 호텔에서 삼성 경영진 200여 명에게 세탁기 생산라인 녹화 비디오를 보여줬다. 세탁기 문짝이 맞지 않자, 근로자가 깎아 맞추는 모습이었다. 그 자리에서 세탁기 불량에 대해 자기 책임이라는 임원은 한 명도 없었다.

이에 이건희 회장은 삼성의 문제점을 지적하며 '신경영'을 선언한다.

"결국 내가 변해야 한다. 바꾸려면 철저하게 바꿔야 한다. 극단적으로 얘기해 마누라와 자식만 빼고 다 바꿔야 한다."고 했다.

경제가 세계를 상대로 성장하며 경쟁의 양상이 달라지고 있어 사고방식과 업무 관행, 생산 방식, 시스템의 근본적 변화하지 않으면 생존이 어렵다고 본 것이다.

삼성의 신경영 선포는 재계에 큰 반향을 불러일으켰다. 당시에는 큰 라인을 지어 대규모 생산량을 유지할 수 있는 영업에만 열중하는 기업 운영 방식이 질적 변화를 주문한 것이다.

또한 이건희 회장은 프랑크푸르트 회의에서 "불량은 암이다. 삼성은 자칫 잘못하면 암의 말기에 들어갈 가능성이 있다"며 "생산 현장에 나사가 굴러다녀도 줍는 사람이 없고, 3만 명이 만들고 6000명이 고치러 다니는 비효율, 낭비적인 집단인 무감각한 회사"라며 통렬한 자기반성이 필요하다고 강조했다.

15만 불량제품의 화형식

삼성전자는 제품의 불량을 줄이는 미시적 접근부터 나섰다. 생산 과정에서 불량이 생기면 라인을 멈추고, 신속히 문제를 해결해 재가동하는 '라인스톱제'를 도입했다. 불량의 원인을 찾아내 생산 체계를 단계적으로 선진화했다. 또 강렬한 퍼포먼스로 임직원은 물론 소비자들에게 품질 향상에 대한 강한 의지를 각인시켰다. 1995년 '불량제품 화형식'과 함께 불량 무선전화기와 키폰·팩시밀리·휴대폰을 교환해줬다. 이렇게 수거된 15만대 가량의 불량제품을 구미사업장 운동장에 쌓아 산산이 부순 뒤 불태운 것이다.

이것을 본 일본의 카타야마 히로시 와세다대 교수는 2013년 '삼성 신경영 20주년 기념 국제학술대회'에 참석해

"삼성의 품질경영은 스피드·타이밍은 물론 완벽을 추구하고 인재를 중시해 시너지를 지향한다"며 "프로액티브(사전대책강구)·리액티브(후속조치)의 융합형 방식이 삼성의 질 경영 성과를 가져왔다"고 평가했다.

진대제 전 사장은 "이 회장의 메시지는 분명했다"며 "이 회장은 극약 처방을 써가며 끝까지 변화와 혁신의 유전자를 심었고, 삼성은 세계 1위의 조직으로 변했다"고 했다.

신경영 선언을 시발점으로 이건희 회장은 끝까지 포기하지 않고 1등 기업을 만들기 위해 혁신의 원칙을 시스템으로 못 박고 밀어붙인 뚝심으로 원칙은 점차 뿌리를 내렸고, 불량에는 절대 관용이 없는 삼성의 철학은 세계의 소비자에게 신뢰를 가져왔다. 2020년 삼성은 반도체를 비롯 TV, 스마트폰 등등등 세계 1위를 차지하며 초일류 기업으로 성장했다.